プランニングから運用戦略・実行まで

プロがこっそり教える資産運用のはじめかた

The beginner's guide to asset management

福田 猛
Takeshi Fukuda

毎日新聞出版

プランニングから運用戦略・実行まで
プロがこっそり教える

資産運用の
はじめかた

はじめに

人生一〇〇年時代を迎え、老後資金の問題が話題です。「年金や退職金だけでは、老後資金はまかなえない。」不足額は二〇〇〇万円とも、三〇〇〇万円とも言われています。

このような状況ですので、年金や退職金だけに頼るのではなく、自分でも資産形成や資産運用を行うことが重要です。つみたてＮＩＳＡなど税の優遇策も整備されています。そうした情報を集めて、「よし、やってみよう！」と資産運用をスタートしている人も、きっと多いでしょう。

一方で、「いざ運用を始めたけれど、損をした」「やり方がよくわからない」「今の経済環境って運用を始める時期として良いの？」など、さまざまな不安や、悩みをうかがうこともあります。

日本は、人口減少・高齢化という大きな課題を抱えています。**自分が働いて得られる収入以外に、お金に働いてもらい、運用収入を得ることも必要**です。これが**「長期的な資産形成・資**

産運用」の考え方です。

今の日本に必要な考え方である一方、今のところ、根付いているとは到底言えない状況です。実際に、**運用で資産を増やそうと思ったのに、逆に資産を減らしてしまったという人のほうが多い**のではないでしょうか。

私はファイナンシャルスタンダードという会社で、お客様に長期的な資産運用のアドバイスを行う仕事をしています。そこで実感することは、**資産運用ほど、「正しい理屈があるのに、理解されていない」、または「理屈を頭ではわかっているのに、実践できない（途中で止めてしまう）」世界はない**ということです。

長期の資産形成、資産運用の手順は、シンプルです。

❶正しい理屈を学ぶ
❷自分にあったプランを立てる
❸実行する（途中で止めない）
❹必要な際にプランや運用の修正を行う

しかし、いざやってみるとこれがなかなか難しく、正しく理解し、継続している人を見ることはほぼ皆無です。

長期的な資産運用は、理解し、カラダが覚えれば、ストレスなく長期継続できるのですが、そこに至るまでにはたくさんの障壁があります。

私たちファイナンシャルスタンダードでは、これまで五〇〇〇人以上のお客様より、資産運用に関する相談を受けてきました。また、資産運用先進国のアメリカ等を定期的に視察し、研究を重ねてきました。

そうした経験を活かし、老若男女を問わず、すべての方に実行してほしい**「資産運用の正しい考え方」**をお伝えすべく、本書を執筆しました。

前半では長期資産形成・資産運用の基本をわかりやすく順を追って解説し、後半では具体的な質問に答える形でまとめました。

ぜひ**本書を読んで、長期資産形成・資産運用をスタートしてください。そして、途中で止めそうになったら、また本書を手に取って読み返してください。**

長期の資産形成や資産運用を一時的に行うのではなく、あなたのライフスタイルの一部にしてほしいと思います。朝起きて歯を磨くのと同じように、意識せず継続できるようになったとき、資産運用はあなたの人生に大きなプラスの力を与えてくれます。

福田　猛

二〇一九年一〇月

プランニングから運用戦略・実行まで　プロがこっそり教える　資産運用のはじめかた　もくじ

第2章 資産運用は「目標」に向けた「プランニング」から始める

第4章

アドバイザーがこっそり教える「資産運用の基本」

第5章

損をしたくない人のための「資産運用ここだけの話」

ブックデザイン　金澤浩二
編集協力　鮫島敦　沖津彩乃（有限会社アトミック）
DTP　明昌堂
校閲　くすのき舎

第1章

「資産運用」は「投資」「投機」ではない

――クイックマネーからスローマネーの世界へ

「老後二〇〇〇万円問題」は資産運用で解決できる

二〇一九年六月に、金融庁の金融審議会「市場ワーキング・グループ」がまとめた報告書が日本中で話題になりました。

夫六五歳、妻六〇歳の無職夫婦が年金だけで暮らす場合、その毎月の収入が約二一万円、支出が約二六万円だったとすると、月平均で約五万円の赤字。この生活が三〇年間続くと、貯金を約二〇〇〇万円取り崩さなければ、生活できなくなる、という主旨の記述が、この報告書にあります。

これにマスコミや野党が飛びつき、「年金制度は崩壊しないと言っていたじゃないか」など、年金に対するさまざまな話題が連日メディアで取り上げられることになりました。

この報告書は、「高齢社会における資産形成・管理」というタイトルです。日本は人口減少・高齢化という大きな課題がある中で、「高齢社会のあるべき金融サービスとは何か」を議論し、まとめられた報告書です。読んでいただければわかりますが、内容はしっかりしていて、かつ、重要なことが書かれています。

そもそも、「公的年金だけで老後は安泰」と考えている人はほとんどいないのではないでしょうか。報告書にも書かれていますが、重要なことは、公的年金以外で賄わなければいけない金額がどの程度になるか、考えてみることです。

例えば、現役世代の人は、公的年金以外に必要な金額、老後のために資産形成が必要な金額を、どのように考えれば良いのでしょうか。

退職世代や高齢世代の人は、今後どれくらいの老後資金が足りなくなるのでしょうか。また、それを単に貯金を取り崩すのではなく、現在ある資産を運用して補うことはできないでしょうか。

長期的な計画に基づいた資産形成は、アメリカやイギリスでは多くの人が実行しています。アメリカやイギリスでは、日本よりずっと以前から長期の資産形成や資産運用の議論がされていて、国の制度や民間金融サービスも充実しています。

ちなみに、報告書の冒頭では、以下のように書かれています。

「本報告書の公表をきっかけに金融サービスの利用者である個々人及び金融サービス提供者をはじめ幅広い関係者の意識が高まり、令和の時代における具体的な行動につながっていくことを期待する」

経緯や、事の善し悪しはともかく置いておくとしても、「老後二〇〇〇万円問題」は、**すべての日本人にとって、資産形成や資産運用の必要性を認識するきっかけになった**のではないでしょうか。

今、まさに日本は長期資産形成・資産運用の「夜明け」を迎えているのだと思います。

昔はなぜ資産運用が必要なかったのか

なぜこれまでは老後資金の問題がそれほど重要ではなかったのでしょうか。

日本における資産運用の「これまで」について、簡単におさらいしてみましょう。

日本経済が、高度経済成長の時代を経て、バブル経済に至るまで、発展を続けてきたことは周知の通りです。その後バブルが崩壊し、平成の低成長時代を迎え、今に至ります。

その流れの中でも、日本人の平均寿命は、どんどん伸びてきました **(図1)**。

経済が成長を続けていた時代、お金は、銀行や郵便貯金に預けることがほとんどでした。バブル崩壊以前は金利も高かったので、それだけでも一定の利息がつき、預金が増えていきました。預けているだけで「資産運用」ができていたのです。

〈図1：日本人の平均寿命の推移〉

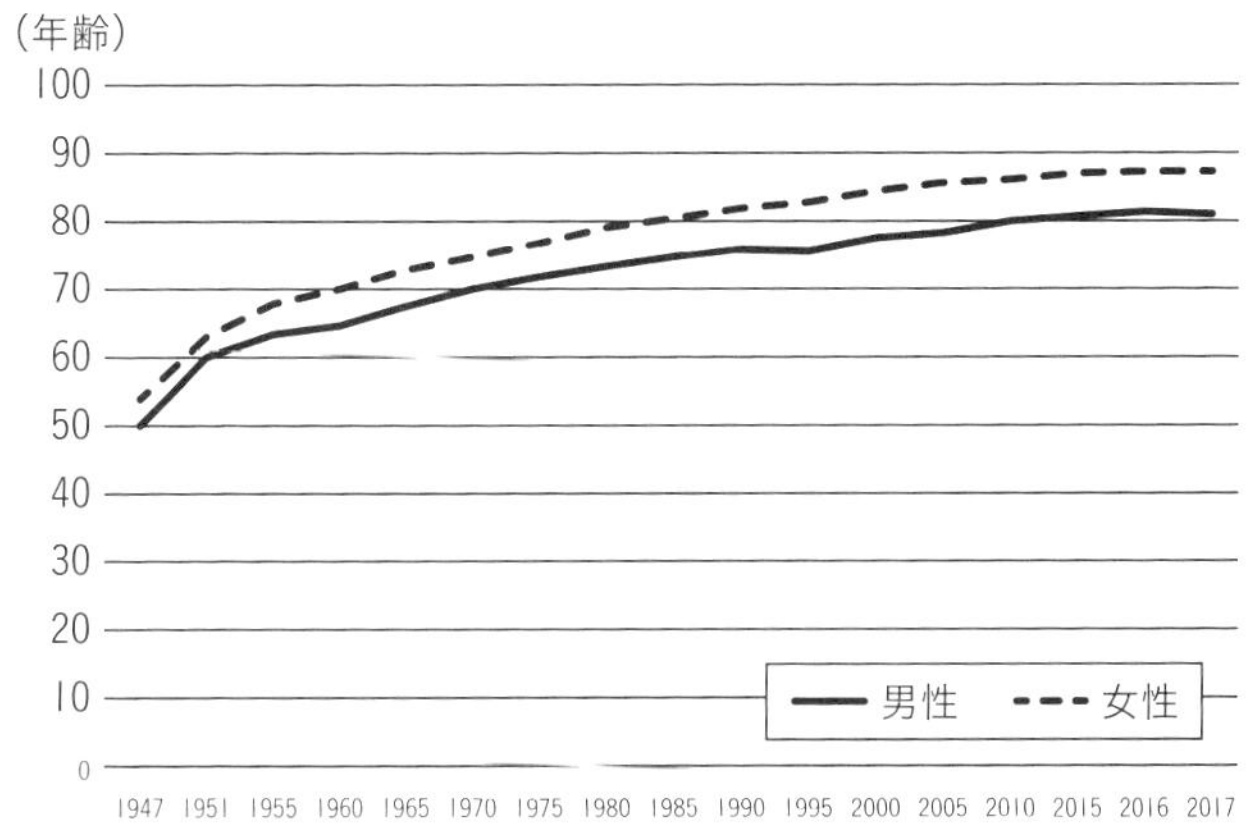

※出典：厚生労働省の資料をもとにFS作成

「人生最大の買い物」マイホームは、住宅ローンを組んで購入していました。これは、借金をして不動産投資をしたということです。

バブルの頃までは、その不動産の価値がどんどん上昇しましたので、マイホームを買うだけでも、「資産運用」になっていたのです。

その世代が老後を迎え、年金を受け取るようになると、平均余命まで生きた場合、自身が支払った金額の何倍もの年金を受け取ることができました。

終身雇用がしっかり機能していたので、退職金も受け取れました。

さらに、企業年金もあります。企業年金とは企業が社員の代わりに老後資金を積み立て、運用するものです。

つまり、かつての世代は、自分で資産運用

をしなくても、預金や不動産、年金などを通じて、しっかり資産運用できていたのです。

特にバブル崩壊までの日本は、非常に恵まれた環境だったと言えます。

一方、今の日本はどうでしょうか。銀行に預けても金利はほぼゼロ。人口が減少する中、不動産の価格は上昇しにくいでしょう。年金は確かに受け取れますが、以前のように自身が支払った金額の何倍もの額を受け取ることはできません。

つまり、**国や銀行、企業に任せる時代から、自分で意識的に資産運用する時代**に変わっているのです。

ウォール街が静かになった理由は「資産運用」

二〇一八年六月、アメリカのシカゴにあるファイナンシャルアドバイザー会社を訪れると、オフィスはとても静かでした。アドバイザーと顧客は、快適な面談ルームに座り、落ち着いた雰囲気で話をしながら、長期運用のプランを立てていました。

今から三〇年前のアメリカでは、このような光景は稀だったと思います。

一九八七年に公開された映画『ウォール街』をご存じでしょうか。チャーリー・シーンが演じる若き証券営業マンの成長と失敗、そこからの立ち直りを描いた作品です。

資産家でやり手の相場師であるゴードン・ゲッコー役を演じたマイケル・ダグラスは、この作品でアカデミー主演男優賞を受賞しました。この映画を観て証券マンに憧れ、証券会社に就職した人はアメリカだけでなく、日本にもたくさんいます。

この映画の中で、証券会社の風景が描かれています。営業マンがひっきりなしに顧客に電話をかけ、株式売買の勧誘を行います。電話の音も鳴り止みません。活気に満ちた光景ですが、今のアメリカでこのような姿を見ることはほとんどないと思います。

この三〇年の間に、アメリカではファイナンシャルアドバイザーの在り方、価値が大きく変わりました。

それは、「投機」や「投資」のアドバイザーから、長期的な「資産運用」のアドバイザーへの変化です。ひっきりなしに株式売買の勧誘を行うのは、「投機」を目的とする「ブローカー」で、長期の資産運用プランを立てるのは「資産運用」を目的とするアドバイザーの仕事です。

アメリカの金融業界は、投機などを目的とする「クイックマネーの世界」から、長期の資産運用を目指す「スローマネーの世界」に進化を遂げ、個人金融資産は何千兆円も増えました。日本でもこれから長期資産運用の世界、スローマネーの世界が拡大する機運が高まりつつあります。長期資産運用とはどのようなものかを本書でお伝えしていきましょう。

「投機」「投資」「資産運用」は何が違うのか

投機と投資と資産運用、この三つの言葉の「違い」を、皆さんは説明できるでしょうか。

この三つの言葉をしっかり理解することは極めて重要です。違いを理解していないと、自分自身は本来、「資産運用」をしたいのに、実際には「投機」をしていたり、「投資」をしていたりと、目的と異なることをしてしまいます。アドバイザーの仕事をしていて、そういった人が非常に多いと実感しています。

まずはこの三つの言葉の意味をご説明しましょう。

①投機

まず一つ目は、投機です。

投機とは、「機会（タイミング）にお金を投じる」と書きます。短期的に「今が買い時だ」「今が売り時だ」などと判断し、売買を行います。

メリットとしては、短期的に利益を出したり、短期的に損失を避けることができる点です。

買い時、売り時のタイミングは、相場の予想や、チャートの経験則によって判断します。

例えば、「国際情勢が不安定だから今は売ったほうが良い」「株価チャートがこういう動きをしたときは、その後上昇する可能性があるから買いだ」といった具合に判断します。

こうした予想や経験則は、当たるときもあれば、外れるときもあります。今回うまくいったことが、次もうまくいくとは限りません。

しかも短期的には、株価等の相場はさまざまな要因で動きます。そのため、売買を繰り返すうちに大抵の人は失敗を重ねます。

投機にはギャンブル性があります。好きな人にとってはそれが面白いですし、人に興奮を与えるものです。

ただ、すべての人が投機を行う必要はありません。投機が好きな人も、全資産を投じるのではなく、資産のごく一部を用いて行ったほうが良いものと言えます。

②投資

続いて投資です。

投資とは、「企業の資本（株式）にお金を投じる」と書きます。つまり、企業の株主となって、その会社の長期的な利益や、配当に期待をする行為です。期間は長期です。

メリットとしては、大きな利益を生む可能性があります。デメリットは、逆に大きく損をする可能性もある点です。

例えば、アップルやグーグルといった大きく成長した企業に、早い時期から投資していれば、株価が大きく上昇し、莫大な利益を得られました。

一方で、不祥事を起こしたり、大きな損失を出すような企業に投資していれば、大損害をこうむります。

個別企業の株式への「投資」は、リターンが大きい反面、リスクも大きくなります。投機と同じく、誰もが「投資」をする必要はなく、「投資」をしたい人が企業をよく研究し、一部の資金を用いて行うことが一般的です。

ちなみに「投資」には、個別企業の株式を買うだけでなく、個別企業の債券へ資金を投じることも含まれます。

③資産運用

では、三つ目の「資産運用」とは、どのようなものでしょうか。

「投機」は、相場やチャートに着目し、「投資」は企業の業績に着目しますが、「資産運用」は自分自身に着目する行為です。

「資産運用」は、自身の収支状況や、保有資産・負債を把握し、それらをどう管理・運用していくかを考えます。運用手法は再現性・継続性のあるものを用います。具体的には投資信託による積立や、投資信託等を活用した分散投資（ポートフォリオ運用）が一般的です。期間は長期です。

メリットは、長期的には高確率で成果が期待できます。デメリットは、時間がかかることです。また、ギャンブル性が低く、のめり込むような面白さには欠けます。

日本では「投機」「投資」こそ一般的になりましたが、この「資産運用」の普及はまだまだ遅れているのが現状です。

一方、アメリカやイギリスでは資産運用が普及しており、多くの人が資産を拡大させています。

ファイナンシャルアドバイザーが必要な理由

資産運用は、長期的に行うもの、と今ご説明しました。

私はこの「資産運用」を「スローマネーの世界」と呼んでいます。私たちファイナンシャルアドバイザーは、この「スローマネーの世界」でお客様に価値提供する存在です。

ここで少しだけ、この「スローマネーの世界」と、ファイナンシャルアドバイザーの仕事についてご説明します。

スローマネーの世界を理解いただくために、対照的な「クイックマネーの世界」をまず説明します。クイックマネーとは、短期取引の世界です。

「クイックマネーの世界」では、人間が売買する時代から、ＡＩが担うようになろうとしています。

運用の世界でクイックマネーとは、株式の短期売買などを指します。この世界では、人間がＡＩに勝てなくなると言われています。より高速で判断して売買するほうが有利だからです。ＡＩを活用した株式の高速取引は「ナノ秒」単位で行われます。人間が勝てる分野ではありません。

逆に**「スローマネーの世界」は、ＡＩにはできない分野**です。ファイナンシャルプランを立て、積立投資、一括投資（ポートフォリオ運用）を長期的に実行するには、人の判断が必要です。

例えば、ある人が手元にある一〇〇〇万円を住宅ローンの返済に回したほうが良いのか、運用に回したほうが良いのか迷っているとします。

これを判断するには、ローンの金利や、その人の持つ資産と負債のバランス、将来設計などさまざまな要素を考える必要があります。ある人にとっては、繰り上げ返済をしたほうが良いでしょうし、別の人にとっては運用に回したほうが良いかもしれません。

ファイナンシャルプランを立てるには、キャッシュフロー表（毎年の収支を表にしたもの）やバランスシート（資産と負債を表にしたもの）を作成したり、ローンや運用手法、税金などの知識も必要です。

今後転職するかもしれない、親の介護を行う可能性があるなど「個人のライフプラン」も考える必要があります。答えは必ずしも一つではなく、人による判断、選択、決断が必要です。

そのため、信頼できるアドバイザーが求められます。

もちろん、今後はＡＩの進化によって、アドバイザーがＡＩをツールとして活用することで、より高い価値を提供できるかもしれません。

失敗から学んだ貴重な教訓

実は、かつての私は「クイックマネーの世界」でお客様にいかに利益をあげていただくか、こそが良いファイナンシャルアドバイザーだと考えていました。

マーケット環境を予測し、その予測に基づいた金融商品をご提案するのが、優秀なファイナンシャルアドバイザーだ、と思っていたわけです。

しかし、予想に基づいた運用は、日々起こる情勢（クイックマネーの世界）を見続ける行為で、お客様にとって、決して安心できるものではありません。一生懸命頑張っても、お客様を悲しませてしまうこともありました。

これではいけないと考え、自分たちのやるべき仕事を、ゼロから考え直しました。金融が発達したアメリカの事情に詳しい大学の先生や、運用会社の専門家、さまざまな人とお会いして、徹底的に研究したのです。

その結果、アメリカのファイナンシャルアドバイザーは「投機」や「投資」ではなく、「資産運用」のアドバイスをしていることに気づきました。

「スローマネーの世界」である「資産運用」では、長期目標に対して、理にかなった方法を提案するのが基本です。方法は分散投資や積立投資が基本となります。

アドバイザーの価値は、お客様とゴールを共有し、プランを立て、長期的に支援することだと、明確にすることができました。

ファイナンシャルアドバイザーにできること、できないこと

風邪を引いた場合、近所のクリニックに行かれると思います。そのとき、なぜお医者さんに行くかといえば、「風邪を治してほしい」という明確な要求に、答えてくれるからでしょう。

では、ファイナンシャルアドバイザーは、なぜ必要で、何をしてくれる存在なのでしょうか。

資産運用を考えるお客様は、さまざまなニーズを持っておられます。

例えば、次のような要望は、実際によく耳にするものです。

「個別企業の株式を推奨してほしい」
「マーケット情報をもとに、株式の売買のアドバイスをしてほしい」
「自分の資産運用のプランニングを立ててほしい」

私たちファイナンシャルアドバイザーの仕事は、**①長期的なお客様のファイナンシャルプランニングを立て、②運用の実行と長期継続を支援、サポートすること**です。

その意味では、「個別企業の株式を推奨すること」や、「マーケット情報をもとにした株式売買のアドバイス」は、ファイナンシャルアドバイザーの専門分野ではありません。

ファイナンシャルプランニングと、実際の資産運用について、これから具体的にお話ししていきます。

第 2 章

資産運用は「目標」に向けた「プランニング」から始める

資産運用の進め方をざっくりと理解する

第1章では、これからは日本でも欧米のように資産運用が主流になるであろうこと、老後の資産形成に資産運用が役立つこと、「投機等のように、短期の利益を追うクイックマネーではなく、スローマネーである」こと、などについてご説明しました。

第2章からは、より具体的に資産運用とはどのようなものか、まず何をすればいいのか、ご説明していきたいと思います。

資産運用は「スローマネー」であり、長期の利益を考えます。そのため、まず最初に「いつまでにいくらぐらいの資産を築くか」といった「計画＝プランニング」が重要になってきます。

次のページの図を見てください。**図2**は、資産運用の流れを説明したものです。

事前の「計画＝プランニング」と、その計画を「実行・継続」する段階という、二段階があります。

また「計画＝プランニング」には、どのくらいの金額が必要かという「目標設定」と、どうやって増やすかの「戦略」が必要です。

では、それぞれについて概略を説明したのち、詳しく解説します。

〈図2：資産運用の全体像〉

プランニング	目標設定	全体像を把握する
		バランスシートやキャッシュフロー表を作成することで資産や負債が今後どうなるか把握可能になる
		キャッシュフロー表：未来も含め収支を把握する
		バランスシート：保有資産や負債（ローン）を把握する
		課題や優先事項を整理
		目標を設定
	戦略	積立投資と一括投資：目標や許容リスクに合わせてそれぞれの投資額や商品選定、組み合わせを考える
実行継続	実行	口座開設と運用開始：つみたてNISAなど税制優遇制度も活用し運用スタート
	メンテナンス	自身について：環境変化があり目標やプランの変更が必要な場合に行う
		運用について：リバランス、ポートフォリオの変更など必要な場合に行う

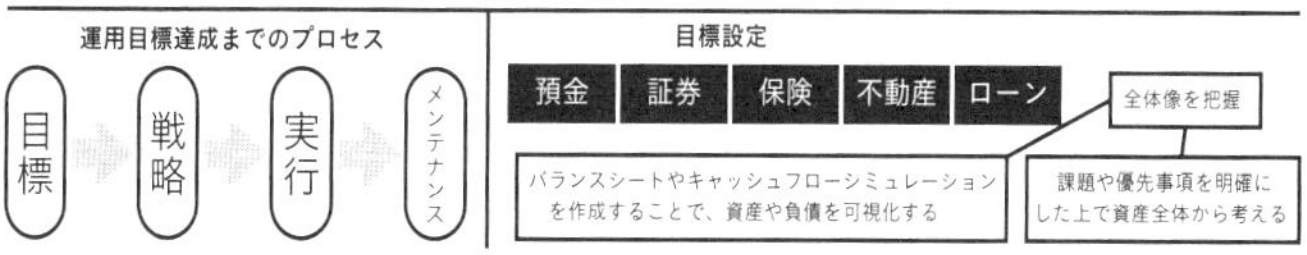

①「バランスシート」と「キャッシュフロー表」を作る（目標設定）

「目標設定」とは、**資産運用のゴールを決めること**です。

具体的には、**「現在の金額（資産）を、いつまでに、どのくらい増やすか」**を検討することです。

ゴールを決めるためには、まずスタート地点を正確に把握しておかなければなりません。

そこで、「目標設定」の第一段階として、自分の資産が今どのくらいあるか、収入や支出がどのくらいなのか、全体像を大まかに把握する必要があります。

つまり、自分の資産をきっちり洗い出すことから始めます。

預金や投資信託、株式、貯蓄性の保険など、いわゆる**「金融資産」**、マイホームなどの「不動産」、その他の資産が、今どのくらいあるのかを正確に調べます。

また、資産だけでなく、**「負債」**も調べておく必要があります。

住宅ローンなどの、ローンを含む借金が、今いくらあるのかを正確に把握します。

ちなみに、よく「バランスシート」という言葉を耳にされると思いますが、「バランスシート」とは、この「資産」と「負債」を一つの表に整理したものです。

資産運用の目標設定でも、この「バランスシート」を作って綺麗に整理します。

次に、バランスシートができたら、収入と支出がこれからどうなっていくのかを、ざっくりとでいいので、シミュレーションしてみます。

今の収支がプラスで、このままであれば資産がどんどん増えていくのか、それとも逆に、今の収支がマイナスで、このままであれば資産が減っていくのかを、はっきりさせるのです。

いわば、未来の「収支」を予測するわけです。

ちなみに、**現在および未来の「収支」をまとめたものを「キャッシュフロー表」と言います。**

②「課題」や「優先事項」を踏まえて運用目標を決める（目標設定）

さて、ここまでの作業で、資産運用をはじめるための「課題」や「優先事項」が見えてきます。

収支がずっとプラスの人は、お金が貯まっていきます。その場合、貯まったお金をどうやって増やしていくのか、資産の運用・管理が最も重要な課題となります。

逆に、収支がマイナスの場合は、収入を増やし、支出を減らして、収支をプラスにすることが優先事項となります。

長い人生を通じて、収支がずっとプラスという人はほとんどいませんが、それは決して無駄遣いしているという意味ではありません。

収支は、ライフステージにあわせて、プラスになったり、マイナスになったりするのが普通だからです。

かつての人生設計では、結婚をして子どもが生まれ、マイホームを手に入れる時期の収支は悪化しがちで、逆に子どもが自立し、年功序列の中で給与が高くなる頃には、収支が大幅にプラスになっていました。

そこから年金生活になれば、また収支がマイナスになることが多いと思います。

将来、年金生活を予定している方は、そのときの収支がどうなるかを、今から想定して、対策を立てることが重要です。

全体像を把握し、課題や優先事項が見えたら、具体的にどのくらいの金額を目標に資産運用を始めるかを決めていきます。

例えば、年金生活をしている人が、年金収入より支出のほうが多いと、ずっと資産を取り崩して生活することになります。

その場合、手元の資産を、生活に差し支えがない範囲で資産運用することで、収支のマイナスを減らすことを、目標としてみてもよいと思います。その場合、いくらぐらいを運用し、どの程度マイナスを減らすのかを具体的に決めます。

逆に現役世代の人が、給料と退職金だけでは老後資金が不足する場合、今から長期の積立投資を始め、老後資金を補うことを、目標としてもいいと思います。その場合、長期の積立投資の目標金額を具体的に設定します。

また、複数の目標を設定することも可能です。

「この資金は長期的にこう運用したい、別の資金はこう運用したい」など複数の目標を設定する人も多くいます。

いずれにしても、目標を立てずに運用を行うと、本来必要のない金融商品を購入してしまったり、過度にリスクを取ったり、何のために運用しているのかわからなくなり途中で止めたりと、さまざまな失敗の原因になります。目標は必ず立てるようにしましょう。

③何にいくら投資するかを決める（戦略）

目標が決まれば、次は具体的にどうやって目標を実現するかを考えていきます。

資産運用において主に使われる運用戦略は、「積立投資」と「一括投資」の二つです。

これらの詳しい内容については、第3章でご説明しますが、具体的に、いくらくらいを運用するのか、「積立投資額」「一括投資額」を最初に決めます。

投資額を決めるには、目標や投資期間、許容リスクなどを知ることが重要になってきます。

資産運用はギャンブルではありませんので、リスクを極力抑えながら運用していくことになります。そのためには、分散投資という方法が使われます。

ここまでで「プランニング」は終了です。次からは実際に計画を実行するフェーズになります。

④「プランニング」を実行する（実行・継続）

「プランニング」ができると、いよいよ「実行・継続」のフェーズに入ります。

金融機関で口座を開設し、計画した金額を、計画した運用戦略に従って、運用します。

プランニングを立てることは重要ですが、実行・継続はそれ以上に重要です。良いプランを立てても実行されないと何の意味もありません。

資産運用は長期的に行うものです。長い運用期間中には、さまざまなことが起こります。自分の環境に変化があったり、市場も変動します。自分の環境が変化したときは、プランを見直す必要が生まれるかもしれません。

市場の変動に対しては、**リバランスやポートフォリオの見直しを行う等、計画のメンテナンスを行います**。頻繁に行う必要はありませんが、目標と戦略を確認し、必要な場合は修正を丁寧に行うことが大切です。

長期運用を行うとき、**一番やりがちで、かつやってはならないことは、「途中で止めること」です**。

人は合理的に考えようとしますが、実際は非合理的なことをしがちです。特に運用の世界では頻発します。そうならないよう、基本的な考え方を何度も頭に叩き込む必要があります。これらすべてを一人で行うことはなかなか難しいので、アドバイザーを付けることも選択肢に入れて良いと思います。

実行・継続について、本書でもこれから詳しく説明していきます。

「老後資金二〇〇〇万円不足」をどう補うか

もう少し具体的に、プランニングの流れを説明してみましょう。

「老後資金をどうするかに不安があり、資産運用に興味を持った」という方も多いと思いますので、金融庁の報告書のモデルケースを例にしてみます。

モデルケースでは、年金収入で毎月約二一万円が見込まれる夫六五歳、妻六〇歳の無職世帯が想定されています。支出は毎月約二六万円の想定で、毎月の収支は五万円の赤字となります。今後三〇年近くにわたり毎月約五万円の赤字が続くと累計で二〇〇〇万円近くになります。

もし、私がアドバイスさせていただくとすると、次のように問題を整理していきます。

いつでも課題は一〇〇%解決できるわけではありませんが、六五歳からでもできることはたくさんあります。また、問題に気付くタイミングが早ければ、課題を解決できる可能性が格段に上がります。

まずはこのあたりの雰囲気を摑んでください。

①全体像の把握と課題設定

まずは目標の設定です。今回のケースでは、何と言っても収支が毎月五万円の赤字であることがポイントです。この夫婦の資産の全体像を見たときに、毎月五万円を資産から取り崩すことが想定されます。

仮にこの夫婦が現時点で一〇〇〇万円を持っているとしましょう。毎月五万円の赤字なので、その一〇〇〇万円から一年間で六〇万円、一〇年間で六〇〇万円取り崩していくことになります。この「取り崩し」が大きな課題であることは明らかです。

目標を設定するにあたっては、当然この課題を解消することが優先事項になります。収支のマイナス五万円を解消すること。これが目標として考えられます。

目標を達成するために、まず最初に運用以外の収入を増やすことと、支出を減らすことの両面から解決策を検討します。

まずは収入です。単純な話として、収入が月に五万円あればそれで解決します。なので月五万円の労働収入を得られないかをまず考えます。

続いて支出です。月に約二六万円の支出がありますが、この支出を減らすことで、目標達成に近づけることができます。必要性に乏しい保険に加入していたりと、家計には意外に無駄な支出があるものです。

仮に毎月一万円の支出を減らせたとしたら、残る赤字四万円を埋めることが最終的な目標となります。

②戦略の策定

次は戦略の策定です。

この夫婦の目標は四万円／月の赤字を埋めることと仮定します。手元資金一〇〇〇万円を運用せず取り崩していった場合、二〇年一〇カ月で資金はゼロになってしまいます。

一方、手元資金一〇〇〇万円を年率三％で運用しながら、毎月四万円を取り崩した場合、資金の寿命は三二年五カ月に延びます。

このあたりの試算を参考にしながら、どのくらいのリスクなら許容できるかを考慮しつつ、戦略を策定します。

実際には、一〇〇〇万円の全額を運用に回すことは危険なので、もう少し支出を削減するか、労働収入の確保もあわせて考えないといけません。

ちなみに、仮に夫が三五歳、妻が三〇歳の現役世代なら、毎月三・五万円の積立投資を行い、年率三％程度で運用できれば、三〇年後に二〇〇〇万円強を確保できます。

銀行預金の利率がほぼゼロなことを考えると、年率三％というのは非現実的に見えるかもしれません。

ですが、本書で詳しく説明しますが、世界株式のインデックスファンド等を活用すれば、実際のリターンはもう少し高くなる可能性があります。

世界株式の過去の長期平均リターンは、年率七〜八％程度でした。

七％のリターンが今後も期待できると仮定した場合、毎月の積立額一・八万円を三五歳から始めれば、老後の資金二〇〇〇万円強を確保できることになります。

毎月三・五万円の積立なら、老後資金は四〇九三万円になります。しかもｉＤｅＣｏ（個人型確定拠出年金）や、つみたてＮＩＳＡ等の税優遇制度を活用することで、節税効果も期待でき、さらにメリットがあります。

このように将来の課題に気付くタイミングが早ければ早いほど、今取れる手段の選択肢が格段に広がるのです。

③実行とメンテナンス

次は実行とメンテナンスです。

当然ですが、ある程度のリスクをとって運用することは避けられません。そのため、長い運用期間の間には、一定の価格変動が想定されます。また価格変動に応じて、ポートフォリオのメンテナンスが必要となる場面も想定されます（リバランス）。

さらに当初の計画の前提が変わる可能性もあります。

例えば、パート等で多少の収入を期待できるようになったとします。その場合、現状の運用目標値を年率三％から年率二％に下げる、といったことが可能になります。この場合には、それに合わせてポートフォリオを適宜変更する必要があります。


以上の例はあくまで簡単なものですが、プランニングの流れがご理解いただけたのではないでしょうか。

まずは全体像をしっかりと把握し、将来想定される課題を明確化し、目標設定をします。あとはその目標達成に向けての戦略を策定します。一括投資なのか、積立投資なのか、どのような金融商品を選択するのか、具体的に決めていきます（戦略の策定）。運用スタート後はメンテナンスしていく流れとなります（実行／メンテナンス）。

ここからは順を追って、そのプロセスを詳細に解説していきます。

「ほどほどに」「やりすぎない」が目標設定のコツ

まずは資産運用で最初に行う「目標設定」から詳しく説明していきましょう。

目標設定を行うには自身の資産がどのくらいあって、今後どのように増えていくのか（減っていくのか）、**「全体像を把握する」**ことから始めます。そして**「課題や優先事項を明確化」**したうえで、自身の目標を設定します。

全体像を把握するために、**「バランスシート」**と**「キャッシュフロー表」**を作ります。

ポイントは**「ほどほどに」「やりすぎない」**ことです。細かくやりすぎると、いきなり挫折する原因になります。人生は計画通りにはなりません。長期の運用期間の間には、計画通りに行かないことも生まれます。

まずは大ざっぱに目標を作成してみましょう。

① 「バランスシート」の作り方

バランスシートとは、一般的には企業が自社の財務状態を把握するために作る一覧表です。

個人でもバランスシートを作成することで、自身の資産を見える化（可視化）できます。

〈図3：「バランスシート」のイメージ〉

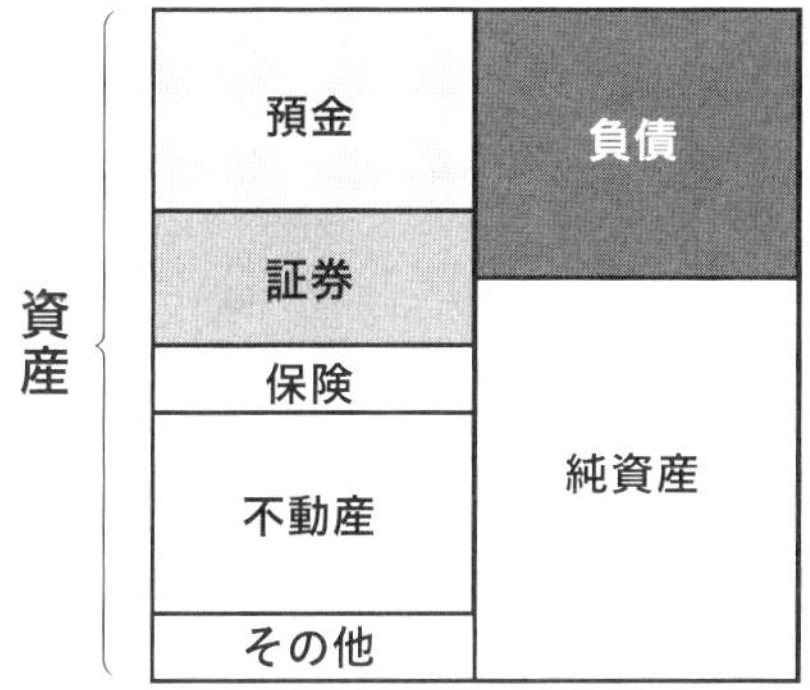

図3のように、バランスシートの左側には、資産性のあるものを並べます。

資産性のあるもののうち、換金性のあるものを上から並べていきます。換金性があるとは、売却や解約をしてすぐに現金化しやすいかどうか、という意味です。

一番上にくるのは預金です。預金はそもそもいつでも引き出せるから一番換金性があります。

続いて、株式や投資信託などの証券関連資産を書き出します。

また、掛け捨てではない個人年金や終身保険など、貯蓄性のある保険商品を加えます。

その他、マイホームや投資物件など、不動産を所有している人はそれも加えましょう。

最後に、未上場企業株式や資産価値のある

〈図4：キャッシュフローシミュレーションのイメージ〉

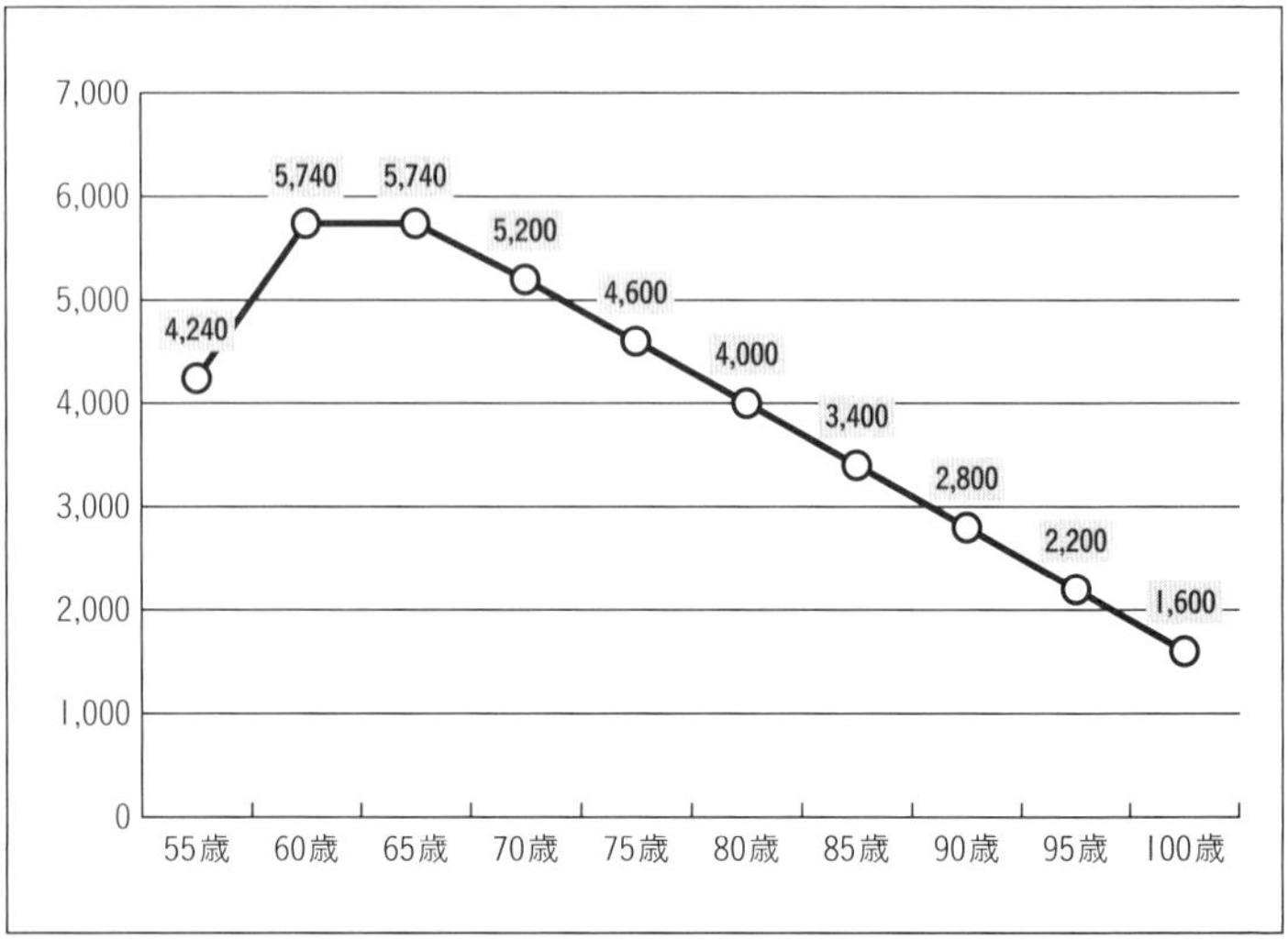

絵画など、とにかく資産性のあるもの（経済的価値があるもの）をすべて加えます。

右側は負債と純資産を上から並べます。住宅ローンなど借入をしている人はローンの残高を記載します。純資産はここでは、「左側の資産－右側の負債」の金額を記載しましょう。

個人の方の場合、資産と負債を把握することが重要なので、純資産は「資産－負債」と理解してもらうだけで十分です。

資産も負債も、現時点の時価での評価額を記載してください。

時価評価とは、「今その資産を現金化したらいくらになるか」というものです。株式や投資信託なら時価評価が毎日公表されていますし、保険商品は解約返戻金（解約したら受

〈図5：キャッシュフロー表の例〉

	1年目	2年目	3年目	4年目	5年目
収入	500	500	500	500	500
支出	400	400	400	400	400
差引合計	100	100	100	100	100
資産合計	400	500	600	700	**800**

け取れる金額）を、不動産はもし売ったらいくらで売れるか、だいたい把握できているなら記載しましょう。

余談ですが、相続対策を立てるときは、時価評価ではなく、相続時の評価を重視します。負債とは正確に言うと「将来発生する支払い」のことです。そのため、相続対策の場合は、仮に借金がない人でも、「相続税」を負債としてバランスシートに計上すべきです。

ただ、今回は資産形成・資産運用のプランを立てるためのバランスシートですので、将来ではなく、現在の時価評価で十分です。

②「キャッシュフロー表」の作り方

続いて、キャッシュフロー表（ＣＦ表）の作り方を説明します。

「キャッシュフロー表」とは、毎年の「収入と支出」と、それが積み重なったときに「資産がどう増減していくか」を表にしたものです。

毎年収支がプラスの人は資産が増えていきますし、逆にマイナスの人は減っていきます。自身の見通しのもとに作ってみましょう。

ある人のシミュレーションの例として、五五歳以降の資産の推移をグラフにしてみました**（図4）**。退職前後の六五歳で資産はピークを迎え、以降はゆるやかに目減りしていくことが、グラフにしてみることではっきりとわかると思います。

収支を考える際には、**図5**のような簡単な表を作ります。

年数ごとに、上から収入、支出、その差引合計、資産合計の順に並べます。**図5**の例の場合、毎年の収支が一〇〇万円のプラスです。

もともと三〇〇万円持っていたとすると、資産合計は、一年目は一〇〇万円増えて四〇〇万円、二年目は五〇〇万円と増えていきます。自身の収支イベントで予想されるものを入力していき、資産合計がわかるようなキャッシュフロー表を作成します。

収入と支出について、ここから具体的に説明していきますが、**バランスシートとキャッシュフロー表を作ると、全体像が把握でき、そこから自身の課題や優先事項が見えるようになります。**ぜひ簡単なものでいいのでエクセル等で作成してみてください。

あなたを支える収入の「三本の矢」

それではキャッシュフロー表を作成する際に、収入と支出についてどう考えていくのか詳しく説明していきたいと思います。

全体像を正しく把握するためにも、収入と支出についてしっかりと理解しておくことが大切です。

収入には、次の三つの種類があることが重要です。

①労働収入

まずは労働収入です。

労働収入とは人的資本によって得られる収入のことです。平たく言うと、**働いて得られる収入のこと**です。会社勤めの人でもアルバイトをしている人でも、働くことで収入を得ます。この労働収入は働くことで確実に得られる収入です。人生一〇〇年時代と言われる今、仕事をどう考えるかは非常に重要です。

②年金収入

次は年金収入です。

日本では基本的に公的年金のことになります。多くの人は六五歳から受け取りを始めます。受け取り時期を早めると毎年の受取額は減り、遅くすると増えます。特に厚生年金の人にとって、年金は六五歳からの収入の核になってきます。

公的年金以外にも、企業年金やｉＤｅＣｏなどの私的年金もあります。自分が年金をどのくらい受け取れるのかを知ることで、未来の計画が立てやすくなります。

③運用収入

第三の収入として、運用によって得られる収入が挙げられます。

この運用収入を長期的な計画でどう考えるかも重要です。資産運用に対しては間違えた考え方なども多く、以下のようなイメージを持っている人も多いのではないでしょうか。

「資産運用はお金持ちの人が行うもの」

「株で一儲け」

「ＦＸ、ビットコイン等で行う投機的な取引」

「手元資金はほぼ使わず、ワンルームマンションなどに投資するサラリーマン大家さん」

いずれも本書でお伝えしたい資産運用とは違います。**資産運用を正しく理解し、実行することで、労働収入や年金収入だけに依存するのではなく、「三本の矢」の収入を設計することができます。**

まさにこのことが、本書で最もお伝えしたいことです。

「仕事」との向き合い方を再確認する

労働収入は、現役で仕事をしている人たちにとって、他の収入より自分でコントロールしやすく、なおかつ、ほとんどの人にとって生涯収入が一番多くなるものです。

例えば平均年収が五〇〇万円の場合、四〇年働くと二億円になります。八〇〇万円の人なら三億二〇〇〇万円です。

自身のキャリアをどうするか考えることは、労働収入を考えるうえで重要です。

勉強し、能力を高め、収入を増やすのも、老後資金を作る一つの方法です。自己投資という言葉がありますが、**若い世代の人は特に自分にお金をかけ、学ぶ機会を増やすのも労働収入を**

アップさせる一つの方法です。

今の時代は自分の付加価値を高めるために多くの学びの場があると思います。受講料を払ってスクールで学ぶだけでなく、上司や他業界の人と飲みに行って、日中は聞けない話をいろいろと聞くのも良いでしょう。

意志があれば、インターネットの活用によって、費用をかけなくても学べる時代です。積極的にチャレンジすることは自己の成長につながります。

また、最近は副業を認める会社も増えてきています。「本業」以外にやりたい仕事があれば、そういったことにチャレンジすることも良いかもしれません。

仕事とは、自分自身（人的資本）を市場に投入して対価を得ることです。

ネット社会の中で、さまざまな仕事も生まれています。自分の能力を発信するプラットフォームもどんどん出てきていますから、自分磨きと発信力で新たなチャンスが生まれることが、今まで以上に高まるはずです。

例えば、音楽の世界でプロになるパターンとして、次の流れが以前はあったと思います。

路上ライブで雨の日も寒い冬も弾き語り

←

徐々に口コミで人気になる

↓

音楽プロデューサーの目に留まり、デビュー

しかし、時代が変わりました。路上ライブは、通りがかった人にしか発信できませんが、今はネットを使ってライブを世界中に発信できます。生配信アプリのように自分が作った曲を発信するプラットフォームもあります。

これからの時代は、自分の価値を高めることで、評価される可能性が高まります。「仕事」とどう向き合うか、真剣に考えることがますます重要になっています。

仕事とどう向き合うのかは、三〇代などの「若手」だけの問題ではありません。

仕事をリタイアする前後の時期の方にとっても、特に今後のキャッシュフローを考えるうえで、自分の仕事のついてどう考えるかが非常に重要です。

ひと昔前は、六〇歳まで働き、退職金で悠々自適な老後を迎える時代だったかもしれませんが、これからはそういう時代でもなさそうです。

何歳まで働くかによって収入は大きく変わってきます。

『働くシニア世代、支える中小企業（日本公庫総研レポート）』によると、六〇～六四歳の働

いている人の動機はお金が一番上位にきますが、六五〜七〇歳の人の働く動機は「健康」や「働きがい」などが上位になり、お金以外の動機も増えてきます。

私が担当しているあるお客様は、六〇歳を超え定年退職の時期を迎えたら、継続雇用される道ではなく、自身のこれまでのキャリアを活かし、コンサルティングの仕事をしたいとおっしゃっていました。それを実現するために、五〇代のうちから週末はビジネススクールに通い、学びながら準備を進めています。

また、別のお客様は現在六〇代ですが、小さな飲食店を開業しようと準備を進めています。息子さんが飲食店を営んでいて、お店を手伝ううちに、ご自身でも小さなお店を開業したいと思うようになったそうです。

このように、**働くことは決してお金のためだけではなく、健康や生きがい、やりがいにもつながります**。仕事が人生をより豊かにしてくれるうえに、さらに収入も得られ、一石二鳥にも三鳥にもなります。

一方で、仕事はもう六〇歳でスパッと辞めて、「これからはボランティアなどやりたいことをする」というお客様もいらっしゃいます。そのお客様は、お金が減り、運用でも足りなくなれば、またアルバイトなどで働くと割り切っていらっしゃいます。

いろいろな価値観があり、答えは一つではない、ということを、私も勉強させていただいています。

いずれにしても、現状を把握したうえで仕事とどう向き合うかは、人生一〇〇年時代を生きるうえでの必須項目であることは間違いなさそうです。

公的年金の仕組みを理解する

公的年金は、一般的に、六五歳から受け取り始める人が多いです。

自分が年金をどのくらいもらえるか、イメージを持てていない人が、特に若い世代の人に多いと感じます。

年金制度に批判的な発言に接して、自分は年金をもらえないと思っている人もいます。少なくとも「漠然とした不安」を持っている人が、かなりの数に上るのは確かでしょう。

まずは年金制度を少しでも知り、そのうえで、**自分はいくらぐらいもらえるのかを知ること**が重要です。公的年金でいくらもらえそうなのか、さらにそれ以外の退職金や企業年金などでいくらもらえそうなのかを把握しましょう。そうすれば、自分に合った対策をとることができます。

①公的年金とは？

そもそも公的年金とは何でしょうか。公的年金とは、**人生のさまざまなリスクに備えて、国民みんなでお金を出し合う保険制度**です。

具体的には次の三つのリスクに備えます。

・何歳まで生きるかわからない
・病気やケガで働けなくなる
・一家の大黒柱が亡くなる

それらのリスクに対して次のような年金があります。

・老齢年金：多くの人が六五歳から受け取りを開始し生涯もらえる年金
・障害年金：病気やケガなどで一定の障害を負った場合もらえる年金
・遺族年金：年金受給者や年金保険料を払っている人が亡くなったら配偶者や子が受け取る年金

〈図6：公的年金の構造〉

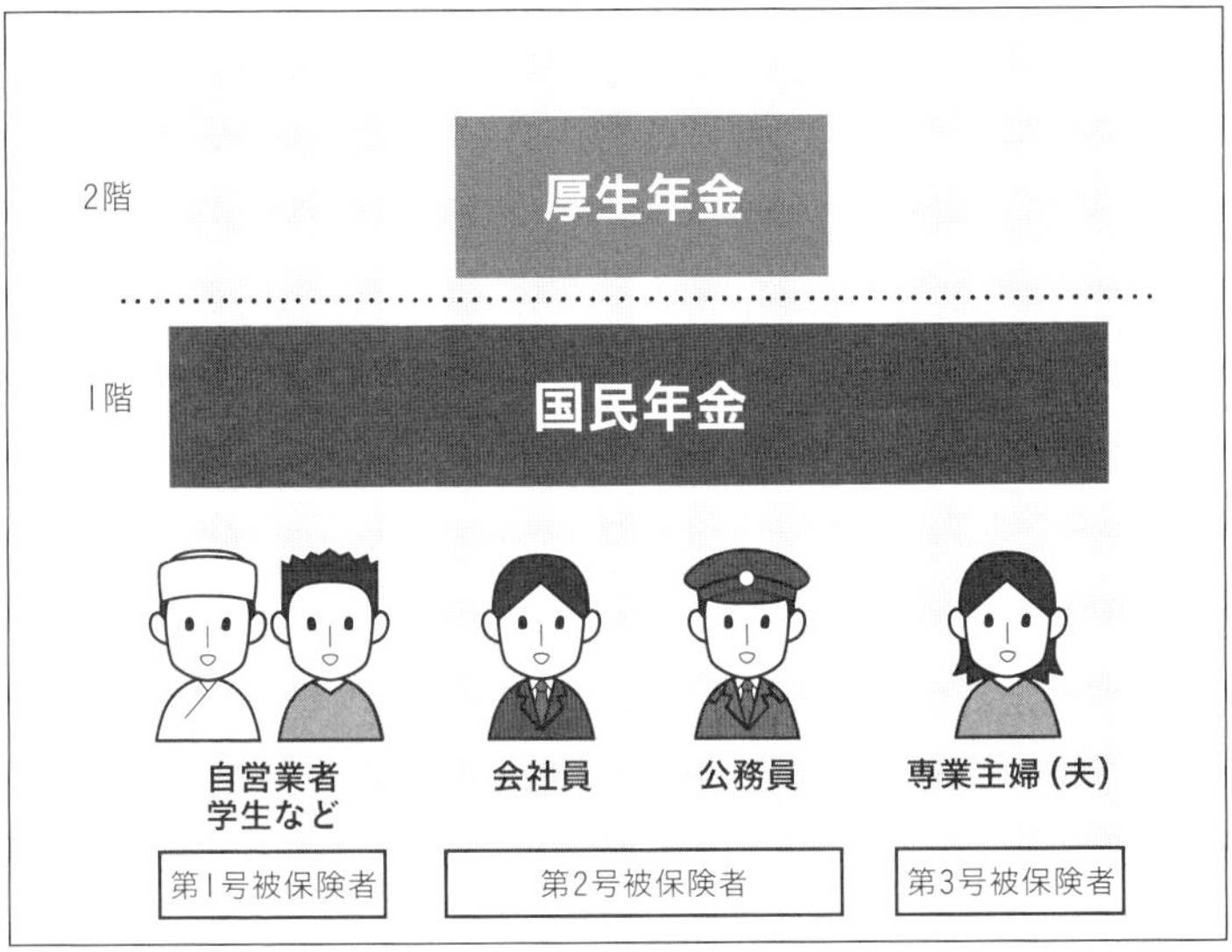

年金保険料を払っているということは、意識して払っている人も無意識に払っている人も「日本国保険会社」の保険に加入しているということです。そしてこの保険はうまく活用することで、人生の大きな支えになります。

②公的年金のしくみ

公的年金は、被保険者を第一号～三号まで三つに分けています。

第一号は自営業や学生の人たち、第二号は会社員や公務員など、厚生年金保険料を払っている人たち、そして第三号は専業主婦です。

図6の一階部分が国民年金（基礎年金）、二階部分が厚生年金ということになります。

〈図7：賦課方式〉

国民年金は、二〇歳以上六〇際未満のすべての人が保険料を支払うことになります。

第一号者は一階部分、第二号者は一階・二階部分を払います。会社員の人は、厚生年金の全額を自分で払うのではなく、半分は勤め先の会社が負担してくれます。

第三号の専業主婦（夫）の場合、夫（妻）が会社員や公務員なら、原則六〇歳まで保険料を納めることなく、基礎年金を六五歳から受け取れます。また、それ以外の人でも事情によって免除や猶予の仕組みもあります。

③年金の財源

公的年金は、年間に五五・四兆円（二〇一七年）が受給者に支払われています。受け取る人は四〇七七万人です。この巨額な金額の財源は、どこにあるのでしょうか。

日本の年金制度は、現役世代から集められた年金保険料が、年金を受け取る高齢世代に支払われる仕組みです。これを賦課《ふか》方式と呼びます（**図7**）。

会社員の人なら、毎月の給与から年金保険料が引かれています。

この保険料は、**将来の自分のための直接的な積立ではなく、今、年金を受け取っている人たちに支払われます**。

また、国民年金（受け取るときは基礎年金と言う）の受給額の半分は税金でまかなわれています。

将来世代の給付に充てるための積立金もあり、さらにこの積立金を運用しています。

二〇〇〇年度までは、厚生労働省が積立金を旧大蔵省に預けて金利を得ていました。そして二〇〇一年度以降、年金積立金管理運用独立行政法人、通称ＧＰＩＦが積立金を運用するようになりました。

ＧＰＩＦは「世界最大の機関投資家」と呼ばれ、二〇一九年三月末時点で、運用資産一五九兆円を誇ります。二〇〇一年度からの運用による累積収益は六五・八兆円にのぼります。実質的な運用利回りは年率二・八七％を実現しています。

ＧＰＩＦについては、**第3章**でより詳しく説明します。

「ねんきんネット」で自分の年金を調べてみる

公的年金制度の基本をおさえたら、次のステップは、実際にいくら受け取れるのかを知っておくことです。

年金制度にはさまざまな噂が飛び交っています。

「破綻する」「将来は受け取れない」「払った額より戻ってくる金額が少ない」などの意見を、一度は聞いたことがあるのではないでしょうか。

年金制度は破綻しませんし、将来受け取れます。自分が払った額以上に受け取れます。

では、自分はいくら受け取れるのか。だいたいの受け取れる金額は、「ねんきん定期便」と「ねんきんネット」で確認することができます。

毎年誕生日の月に送られてくる「ねんきん定期便」には、五〇歳以上の人はこのまま六〇歳まで今と同じ条件で働いた場合の年金見込み額が書かれています。一方、五〇歳未満の人は、これ以降仕事をしなかった（今までの実績だけ）前提での年金額が載っているので、少なく表示されていて、それだけではわかりにくいと思います。

そこで、日本年金機構のインターネットサービス「ねんきんネット」で、年金見込み額の試算をしてみましょう。

公的年金は払った額以上に受け取れる！

先ほど、「年金は自分が払った以上に受け取れる」と言いましたが、もう少し詳しく説明します。

そもそも公的年金は、いざというときの「保険」です。

保険と考えれば、例えばガン保険に加入していても、ガンにならなければお金は返ってきません。これは当たり前ですね。

公的年金も、もしものときに備えてみんなでお金を出し合って備える仕組みです。払った分の元を取らないといけないと考える必要はないのですが、感覚的には払った以上に受け取りたいとほとんどの人が考えていると思います。

「払った以上に自分に返ってくるもの」「自分にとって得をするもの」となれば、年金に対して、もう少しポジティブに考えられるのではないでしょうか。

前提条件や年齢によっても変わりますが、今二〇歳～四〇歳くらいの人だと、その人が六〇歳時点の平均余命まで生きた場合、厚生年金の人だと払った金額の二倍以上、国民年金の人で

〈図8：世代ごとの保険料負担額と年金給付額〉

負担した保険料に対して何倍の年金給付を受けられるか

生年	2015年の年齢	厚生年金（倍率）	国民年金（倍率）
1945年	70歳	5.2	3.8
1955年	60歳	3.4	2.3
1965年	50歳	2.8	1.8
1975年	40歳	2.4	1.5
1985年	30歳	2.3	1.5
1995年	20歳	2.3	1.5

※出典：厚生労働省の資料をもとにFS作成
60歳時点の平均余命まで生きた場合・平均標準報酬月額40万円強
厚生年金は妻が専業主婦世帯・2014年財政検証ケースEの場合

一・五倍以上受け取れます。もちろん、もっと長生きすればそれ以上受け取れます。

どうでしょうか。「思ったより受け取れるんだな」と感じませんか？

図8を見ると、確かに今、年齢が高い人のほうが払った額より受け取れる額が多くなります。世代によっては、金利情勢や世の中の物価上昇など環境も違うので単純比較はできませんが、現役世代の人は、「少なくとも払った額以上にもらえる！」ということがわかれば、少しは気持ちが前向きになると思います。

払った額以上にもらえるのはなぜでしょうか。それは、年金の支払いと受け取りの仕組みに注目すれば見えてきます。

まず、公的年金は国民年金と厚生年金の

二階建てでしたね。一階は、国民全体が加入する国民年金、二階は会社勤めの人等が加入していて、その人の収入によって金額が変わる厚生年金です。

国民年金から受け取れる年金は、原資の半分が税金です。その年に現役世代から集めた国民年金と、ほぼ同額の税金が使われているのです。

また、厚生年金の保険料支払いは半分が会社負担で、自分自身は半分しか払わない仕組みです。**国民年金も厚生年金も、「自分自身の負担が半分」なのです。さらに積立金を国が運用し、将来の支払い原資にします**。だから払った以上にもらえるのです。

もし自営業等の人で、国民年金保険料を払っていない人がいるとすると、その人は将来において年金を受け取れません。

日常生活で消費税など、税金を払っているわけですから、税金だけ払って年金は受け取れないことになります。国民年金を払わない場合が一番不利だと言えます。

「第一号被保険者」の年金を増やす「マル秘テク」

年金の仕組みがわかり、いくらもらえるかが見えてきたのではないでしょうか。

ここで一つ大事な点があります。

厚生年金等の第二号被保険者は、公的年金をある程度しっかり受け取ることができます。しかし、自営業など第一号被保険者の人は、国民年金だけしかありませんので、公的年金の受取額が少なくなります。

そこで自営業等の人には、「強制的」な国民年金以外にも、四つの**「年金増強策」**があります。

①国民年金基金

国民年金基金は、自営業等の方が加入できます。

掛け金は全額所得控除されます。月に六万八〇〇〇円まで掛けられます（ただしiDeCoとの合算額が六万八〇〇〇円まで）。

年金は六五歳から一生涯にわたって受け取ることができますが、受給開始年齢や受給プランは複数用意されています。

②個人型確定拠出年金（iDeCo《イデコ》）

掛け金は上限の六万八〇〇〇円（自営業の人の場合）まで所得控除の対象です。自分で運用を行いますが、成果によっては、大きく増えることもあります。拠出額は、国民年金基金との合算で六万八〇〇〇円が上限です。最短で六〇歳から受け取ることができます。

会社員や主婦（夫）もiDeCoはできますが、自営業の人のほうが掛け金を大きくできるようになっています。国民年金基金と、「増やす」ためのiDeCoを、どう組み合わせるかが、老後資金作りのカギとなります。

国民年金基金やiDeCo等は、公的年金に上乗せする「私的年金」と言われます。

③小規模企業共済

小規模企業共済は、従業員二〇人（業種によって五人）以下の会社経営者や、個人事業主等が加入できます。掛け金は最大七万円／月で、iDeCoと国民年金基金とは別枠で所得控除が受けられます。両方を合わせると最大一六五万六〇〇〇円が控除対象になります。仮に所得税三〇％、住民税一〇％の人なら、年間約六六万円の節税効果があります。

④付加年金

月四〇〇円を国民年金に上乗せすれば、上乗せをした月数に二〇〇円をかけた金額を、六五歳以降年間で受け取れます。例えば、毎月四〇〇円を二〇年間（二四〇カ月）付加保険料として払えば、支払額は九万六〇〇〇円です。すると、六五歳以降、二四〇カ月×二〇〇円で四万八〇〇〇円を毎年受け取れます。要は二年で回収できて、その後三年目以降も受け取れるようになるので、かなりお得な制度と言えます。

このように、自営業等の人には特別な年金作りの仕組みを国は提供しているのです。これらの制度を自身に当てはめて将来の年金作りを検討してみましょう。

「第一号被保険者」以外の人の私的年金活用法

自営業等の人は公的年金以外に、私的年金などさまざまな「年金増強策」があることを説明しました。

実は、厚生年金の人も私的年金を活用できます。二階建ての公的年金にプラスした「三階部分」とよく言われる制度があるのです。

代表的なものに、企業年金（給付型・拠出型）とiDeCoがあります。

企業年金の制度がある会社に勤めている場合は、その仕組み等を、会社の担当者に確認しましょう。

iDeCoは企業年金の制度がない会社ならもちろん、企業年金制度がある会社でも利用できるケースが多いので、iDeCoも確認したほうがよいでしょう。

企業年金は、確定給付型と確定拠出型の二つに大きく分けることができます。確定給付型は企業がお金を出し、加入期間などに基づいて給付される（受け取る）額があらかじめ確定している年金制度です。ただ、原資を企業が運用していて、うまくいかなかったときには、企業は追加でお金を出さなくてはいけません。

一方、確定拠出型は拠出された掛け金を自身で運用します。運用結果次第では、受け取れる年金が大きく変わります。企業がお金を出してくれる企業型と、個人自らがお金を出す個人型があります。個人型確定拠出年金が先述したｉＤｅＣｏです。ｉＤｅＣｏは主婦や公務員の人でも活用できます。

私的年金は、拠出額が所得控除の対象だったり、税優遇制度がありますので、資産形成プランを立てるにあたり重要になります。さらに年金制度を詳しく知りたい人は、年金について書かれた本を一冊読むと、より理解が深まるはずです。

働けなくなったらお金に働いてもらう

「三本の矢」の最後は「運用収入」です。

図9のイメージ図のように、一般的には六〇代になると労働収入が減り、年金収入を得るよ

〈図9：収入の「三本の矢」のイメージ〉

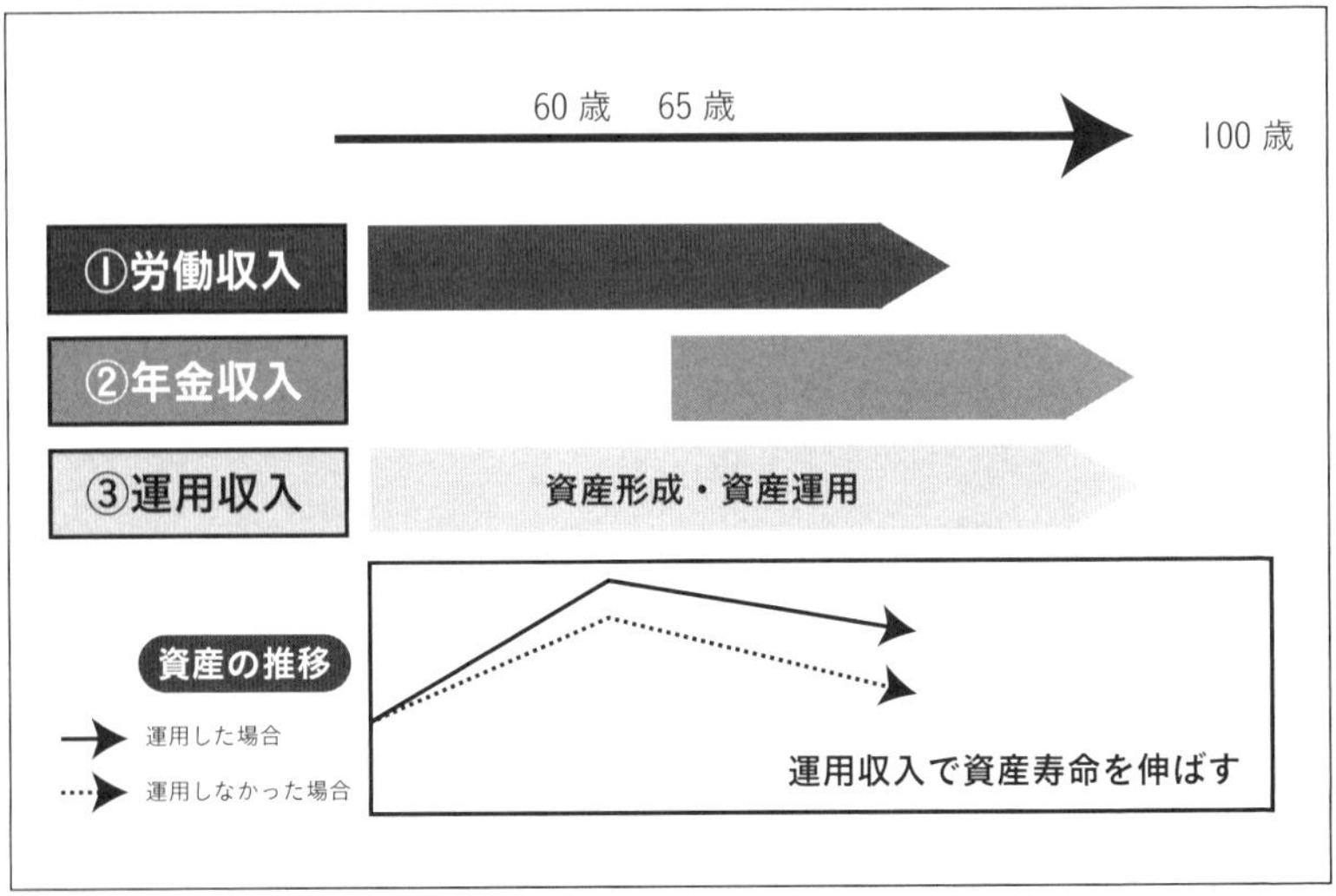

うになります。労働収入が減ることで、点線のように資産が減る人が増えます。

そこで活躍するのが三つ目の運用収入です。運用収入を活用することによって、上の黒い線のように収入全体の落ち込みを減らし、資産寿命を延ばすことができるのです。

運用収入とは、**自分が働くのではなく、「お金」に働かせること**です。

お金に働かせる方法は、株式、債券、投資信託、FX、仮想通貨、不動産投資と、さまざまです。

ここで注意してほしい点があります。

「自分が働くだけでは資産を築けない、資産運用しよう」と考え、運用をはじめる人が、**「資産運用ではなく、投機や投資を行**

ってしまう」パターンがとても多いのです。

例えば、レバレッジ（自己資金の何倍かの取引を行うこと）を活用するFXは、日本人の取引額が毎年世界一位。世界のFX取引額の四〇％以上を、日本人の取引が占めていました。

また、二〇一七年頃に流行ったビットコインは、取引通貨別にみると、こちらも円が世界一位でした（出所：英クリプトコンペア）。

このように、日本で流行している金融取引は、FXや仮想通貨に偏っています。ただ一般的に、レバレッジをかけた取引は「投機」です。当然、資産を減らす人が続出します。

また、不動産投資も日本では人気です。日本銀行の『資金循環統計』によると、日本人は家計総資産に占める不動産の割合が四〇％強あり、アメリカ人より一〇％も割合が高くなっています。

「サラリーマン大家」という言葉がありますが、不労所得（働かずに得られる収入）を狙って、手元資金をほとんど持たないまま、借金でワンルームマンションなどを購入する人がたくさんいます。

その際、銀行がずさんな融資をしていたことが問題になり、世間を騒がせたことも記憶に新しい事件です。こうした不動産取引はリスクの高い投資です。

低金利を前提に変動金利でローンを組むと、もし今後金利が上昇したら、キャッシュフローが厳しくなるケースもあるでしょう。

海外でも不動産投資はもちろんありますが、資産形成や資産運用では、長期的に金融資産中心で行うのが基本です。アメリカでは401k（確定拠出年金）など年金の制度も含め、株式や債券を分散し、長期的に運用を行い、大きなリターンを得ている人が大勢います。

今、日本人でそういった資産運用を行っている人はまだ多くありません。私は長期的な計画のもと、資産形成、資産運用を実行する大切さをお伝えすべく、本書の執筆に取り組んでいます。資産運用の大切さを、本書全体を通してお伝えできればと思っています。

【収入のまとめ】

① 労働収入、つまり仕事をどうするか考える。
② 年金をいくら受け取れるか把握する。
③ 長期的な計画のもと、資産形成、資産運用を実行する。

支出を考えることから逃げない

収入を把握したら、今度は支出のチェックです。「収入－支出」をきちんと計算できて、はじめて収支状況を正確に把握できます。
手順としては次の三つになります。

① **年間の支出を把握する**
② **今後予想される大きな支出を考える**
③ **必要なリストラを行う**

①年間の支出を把握する

お客様にヒアリングし、キャッシュフロー表を作成するときに、いつも思うことがあります。年間の収入は多くの人が把握されていますが、年間の**支出を把握している人は非常に少ない**ということです。

誰もが家計簿をつけて支出を細かく把握する必要はないと思います。ただ、ファイナンシャルプランニングにあたり、一度は支出を細かく把握しても良いと思います。今は「マネーフォワード」など、お金の出入りを見える化するアプリもいろいろあります。これらを活用すると便利です。

支出、つまり**「何にいくらお金を使っているか」は、その人を映し出す鏡**のようなものです。

支出を洗い出して鏡に映し出すことで、自分を客観的に見つめることができます。趣味にお金を使っていたり、本やスクールなど自己投資にお金を使っていたり、お酒など飲食代が多い人もいると思います。

「お金の『良い使い方』と『悪い使い方』ってありますか？」と聞かれることがあります。生活費など、生きていくうえで最低限必要な支出があります。それ以外については、一般的には**「自己投資と消費に分けて、消費が多すぎないようにしましょう」**と言われます。

自己投資とは、使ったお金が回り回って自分に増えて返ってくるものです。消費とは、使ったお金が返ってこない、消えていくものと考えるとわかりやすいと思います。

例えば、英語のスクールに通う費用は、投資か消費、どちらでしょうか？

英語を一生懸命覚えて習得し、キャリアアップに成功したり、世界の人々とコミュニケーションを取れるようになれば、これは「投資」ですよね。一方で、スクールには通ったけれど、英語力がまったく伸びなかったら、そのお金は「消費」になってしまいます。

つまり、お金を使うことは投資にも消費にもなり得るということです。せっかく使ったお金を投資にしていければ、その人の人生はどんどん豊かになると思います。

ちなみに、お酒は投資と消費、どちらだと思いますか？

人によって違うと思います。例えば、私はよくバーにお酒を飲みに行きますが、私にとってバーは学びの宝庫です。バーテンダーさんはいろいろなお客様を見てきていますので、人生において役立つさまざまな話を教えてくれます。また、バーの常連になると他のお客さんとも知り合いになるので、普段会わない人たちと話ができ、勉強になります。

もちろん、堅苦しい勉強をしようと思ってお酒を飲みに行っているわけではありませんが、結果として学びを得ることができます。そう考えると、私にとってお酒は「投資」になるわけです。

一方、同じお酒でも同僚と愚痴を言うだけで、学びを得られないなら、それは消費でしょう。愚痴を言ってスッキリして、また明日から仕事を頑張ることができるなら、それは投資といえるかもしれません。

つまり、投資か消費かは、払ったお金にどう意味付けをするかで決まるということです。人生では、一見無駄に思えることに価値があったりします。そもそも人間は常に合理的に行動しているわけではありません。なので必ずしも「消費はダメ」ということではありません。

ただ支出を洗い出したときに、自分なりに投資と消費を分けて考えることはとても重要です。それぞれにいくらお金をかけ、自分にとってどういう意味があるのかを考えるのです。もし修正が必要なら修正していきましょう。

②今後予想される大きな支出を考える

現在の支出について把握したあと、今度は未来の支出について考えます。すべての支出を予想することは難しいので、ここでは大きな支出を予想します。

予想できる大きな支出には次のようなものがあります。

マイホーム／リフォーム／自動車／教育費／旅行費／趣味　など

それぞれどのくらい費用がかかるかは、インターネットで「ライフプラン　費用」などキーワード検索を行えば、さまざまなサイトでデータが提供されているので参考にしてみてください。

③必要なリストラを行う

年間の支出、未来に発生する大きな支出を把握したら、次はリストラ（支出の削減）できるものを考えます。ここでのポイントは、①自分にとって必要なリストラを行うこと、②リストラは大きな金額の項目から行ったほうが効果的だということです。

支出の「把握・見直し」と「リストラ」のコツ

例えば毎月の支出の場合、自分にとってその支出は必要かを冷静に考え、必要ないと判断したら削減しましょう。消費だけでなく、投資でも必要のない投資があると思います。英語の勉強でスクールに通っていたとして、それをＷＥＢ上のスクールにすることで、費用が抑えられるかもしれません。

自分一人で「リストラ」の作業を行うと、主観的な判断になりがちです。可能なら誰か他の人（できればファイナンシャルアドバイザー等のプロ）と話しながら、支出を見直していくのがよいと思います。

支出の削減を考えるときは、効果が大きいものから考えましょう。

ついやってしまいがちなのが、効果が小さい節約ばかりたくさん実行することです。例えば、電気をこまめに消す、日中は電気を付けない、トイレットペーパーの使用は何巻まで……といったことです。

もちろん、節約は大切なことですし、資源やエネルギーの無駄使いもよくありません。

ただ、普段から節約できていない人が、いきなり細かい項目をいっぱい作って実行しようとしても、途中で挫折します。経済効果も頑張ったほどは出ません。あまりストイックにやりすぎると生活が汲々《きゅうきゅう》としてしまい、嫌になってしまいます。

企業がリストラを行う際も、費用負担が大きいところから行います。リストラというとイコール雇用削減のイメージがあると思いますが、企業において支出に占める人件費の割合がそれだけ高いから、真っ先に取り組むのです。

では、個人にとって支出が大きいものとは何でしょうか。家や教育費などが思いつくかもしれません。教育費は私立ではなく、国公立の学校にする等の対策が考えられます。

ただ、教育費については、それぞれの家庭で価値観も大きく違う点ですし、たとえ高くとも教育にかけるお金は削減しない、という判断も大いにあり得ます。

そこで、私たちファイナンシャルアドバイザーが真っ先に削減対象としてイメージするのは、保険料とローン金利です。

①「保険料の払いすぎ」をやめる

多くの人にとって、もしものために保険は必要だと思います。ただ、次のことも知っておいたほうがよいと思います。

日本は保険大国と呼ばれるほど、保険加入率が高い国です。世帯加入率は約九〇%と言われています。そして、必要がない保険まで入っているケースが散見されます。

人はリスク回避志向が強いですから、「もしも」を考えると悪いことは避けようとします。ただ、人生に降りかかるすべてのリスクを保険でヘッジ（リスクを避けるための行為）することはできません。ヘッジすべきリスクを考え、本当に必要な保険のみに絞れば、保険料を削減できるケースが多いです。

毎月五〇〇〇円を掛け捨てている場合、その保険料を削減すれば、三〇年で一八〇万円の削減効果があります。必要がないなら、保険料は単に消えていくお金です。削減したほうが良いのです。

②「ローン金利」の見直しで生活レベルを維持

ローン金利も、「支出のリストラ」を考えるとき、真っ先に確認する事項です。

住宅ローンを例に考えてみましょう。

マイホームを購入する際、ほとんどの人が住宅ローンを組んで購入します。住宅ローンは最大三五年にわたって、毎月返済していきます。

ここで重要なことは、返済の内訳です。四〇〇〇万円のマンションを固定金利一%、元利均等払い（毎月の返済額が一定）でローンを組んで購入したとしましょう。毎月の返済額は約一一万三〇〇〇円です。

このとき、一一万三〇〇〇円全額が元金の返済に回っているわけではありません。毎月、借入金の残高に対して一ヵ月分の金利が引かれ、残りが元金返済に回ります。このケースだと約三万三〇〇〇円が金利、残りの金額が元金返済に回ります。

元金返済とは、その分だけマイホームが自分のものになっていくことですから、消えていくお金ではありません（家の価値が目減りするとその分の価値が減ったと考えられますが）。

一方、金利支払いは銀行に払うものなので、消えていくお金です。このケースだと三五年で七四二万円の金利を払うことになります。全額消えていくお金、すなわち消費です。

金利が一％なら七四二万円ですが、二％になると金利の支払総額が約一五六五万円になります。さらに三％なら二四六五万円です。大きな支出ですよね。

もしローン金利を下げることができるなら、効果が大きく、しかも必要なリストラです。生活レベルを下げることなく実行できるリストラです。

最近は住宅ローンの金利が低いうえに、住宅ローン減税もありますから、「マイナス金利」の人もいます。

例えば、四〇〇〇万円のローン残高があり、金利〇・六％の人なら、ローン減税の要件を満たしている場合、年間に金利は約二四万円払うことになります。ですが、ローン減税で四〇万円戻って来ますので、お金を借りた側が儲かるマイナス金利の状態です。

ただ、お客様に話を聞いていると、高い金利のまま住宅ローンを返済している人もいます。その場合は、ローンの組み換えが可能か、効果を含め検証することをおすすめします。他の銀行に相談に行けば、可能か教えてくれますので検討してみてください。

【支出のまとめ】

① 年間の支出を一度洗い出してみる。
② 未来の大きな支出も把握する。
③ 費用が大きい項目で、かつ削減が自分にとって必要なもののリストラを行う。

すぐに実践できる「貯蓄の法則」

現役世代の方の相談で必ず出てくる会話は、「いろいろお金がかかり、本来できるはずの貯蓄がなかなかできないんです」というものです。

現役世代は、家、車、教育費、趣味など何かとお金がかかります。高齢世代より、一般的にはお金を使いたいこともいっぱいあるでしょう。収入が多い人でも貯蓄がうまくできない人は大勢います。

例えば、外資系企業で働いていて、年収が数千万円ある人がいるとします。かなりの金額を貯蓄できているのだろうと思いがちですが、ストレスがかかる仕事のせいか、散財してしまい、あまり貯蓄ができていないというケースもあります。

お医者さんは年収が高いので、やはりかなりの貯蓄ができそうですが、子どもが医学部を目指す場合も多く、莫大な教育費が必要で、老後の貯蓄はあまりできていないというケースもあります。年収が高い人が貯蓄できる、というわけではありません。

実は、貯蓄できる人には、ある共通の法則があります。それは、**収入から貯蓄する金額を先に引く、そして残りを支出に使う**という法則です。貯蓄に回すお金を先に引くことで、もともとなかったものとして強制的に貯蓄を行います。

この法則は、あるお客様に教えていただきました。たまたま同じ会社で働いている二人のお客様がいました。Aさんは営業職で成績が良く、高い年収をもらっていました。一方、Bさんは事務職でAさんより年収が五〇〇万円も低く、収入に大きな差がありました。年齢は同じ四〇代後半です。

私は当然Aさんの資産のほうが大きいと思いましたが、実際はBさんの資産のほうが大きかったのです。そのとき、AさんとBさんの違いが気になり、貯蓄に対する考えを聞くと、Bさんは「貯蓄の法則」を実行していたのです。Aさんは、特に貯蓄しようという明確な意思はなく、自然体でお金を使っていたそうです。

これまで多くのお客様を見てきましたが、この「貯蓄の法則」は重要だと実感しています。ぜひ「強制的に収入から先に貯蓄に回すお金を引く」を実行してみてください。

結果に結び付かない目標なき運用

ここまで収入と支出について解説してきました。これをもとにバランスシートとキャッシュフロー表を作成することで、全体像が把握できるはずです。**全体像が把握できると、そこからその人にとっての課題や優先事項が見えてきます。**

例えば、Aさん（三〇歳）は自営業で、三つの収入のうちの年金収入が少ないとすると、仕事の労働収入と、長期的な資産形成で運用収入をどうしていくかが、課題であり優先事項となります。

また、Bさん（六五歳）は、年金収入のみで収支がマイナスのため資産を取り崩している状態だとします。もしバランスシート上で預金がたくさんあることがわかれば、リスク許容の範囲内で資産運用しながら、資産の取り崩しをカバーしていくことが課題となります。

このように、全体像を把握したうえで課題や優先事項が明確になれば、いよいよ次のステップは目標設定です。

収支状況や資産全体を把握し、課題や優先事項が見えたら、目標を設定します。

「目標なき行動は結果に結び付かない」のは何事も同じです。目標なく家を出てただ歩くと、途中でいろいろなものが目に入り、寄り道したり、誘惑に流されたりします。

「一二時に取引先にアポイントがあるから出向く」という明確な目標がないと、向かっている途中でいつも行列ができているラーメン屋がたまたま並ばずに入れたら、思わず立ち寄ってしまうこともあるでしょう。しかし、ラーメン屋に寄ると一二時に間に合わなくなるなら、思い止まります。

ところが、こと資産運用になると、明確な目標を立てずに運用している人が非常に多いです。もちろん、目標がないと戦略も立てられず、結果も付いてきません。途中で「すぐ儲かりそうな話」に流れたり、途中で止めてしまったり、そんなケースが頻発します。

お客様から資産運用の相談を受けたとき、最初から目標が決まっている人は稀です。私たちはお客様と一緒に目標を考えます。

目標の立て方はさまざまです。

先ほどのBさんのように、年金生活をしていて、入ってくる年金収入より出ていく支出のほうが多いと、収支がマイナスで預金などから資産を削っていくことになります。そこで、「手元資金を運用に回し、マイナス部分を埋める」といった目標を立てることができます。

また、現役世代の人は、「六五歳時点で資産をいくらにしたい」と目標設定することもあります。「この資金は安定的にリターン一%で運用したいが、こちらの資金はリスクをとって長期的に積極運用したい」など、複数の目標を設定することも可能です。

闇雲に、目標もなく始めても、それこそ長期の資産運用は続けられません。ゴールを決めないまま走り続けることはできないのです。自分がどうしたいのか、将来どうなりたいのか、課題解決や優先事項の達成に向けて、目標はきちんと立てましょう。

「どのくらいのリスクなら許容できるか」が戦略のカギ

次に、目標を実現するための戦略を考えましょう。

積立投資と一括投資という二つの運用手法を活用し、目標やリスク許容度、期間を考慮して、運用商品や運用額を決めていきます。

二つの運用手法（積立投資と一括投資）については、第3章で詳しく説明しますので、ここでは「戦略」の基本的な考え方をお伝えします。

戦略では、**何に（投資対象）、どのくらい（運用期間）、どのように（運用手法）、いくら（投資額）投資するのか**を決めていきます。

どのように（運用手法）は、第3章で説明する積立投資と一括投資のことです。積立額をいくらに、一括投資額をいくらにするか決めます。いくら（投資額）と合わせてどのくらい（運用期間）を決めると、何％で運用すれば良いかもわかります。

簡単に計算するには、インターネットで「投資信託　利回り　計算」などのキーワードで検索してみると、シミュレーションができるサイトを見つけられると思います。

期間、投資額、運用利回りを調整することで、**自分にとって適正な数字**を出しましょう。

例えば、

積立投資額＝毎月三万円
一括投資額＝三〇〇万円
運用利回り＝五％／年
期間＝二〇年

であれば、**投資額合計一〇二〇万円に対し、リターンは二〇一三万円です**。

しかし、期待リターン五％の運用には、かなり大きなリスクをとる必要があります（**詳しくは第3章の「リスク」の項目、第4章の質問4参照**）。

つまり、目標や戦略を決めるには、許容リスクも同時に考える必要があるのです。

価格変動（リスク）の項目を参考にして、自身が許容できる価格の振れ幅がどの程度なのかを知ってから、目標や戦略を決めることをおすすめします。許容できないリスクを取ると途中で怖くなったり、我慢できず止めてしまうからです。

どのくらい（運用期間）、どのように（運用手法）、いくら（投資額）が決まると、何に（投資対象）を決められるようになります。

投資対象は、国内外の株式や債券が基本です。分散された株式や債券への投資は、期待リターンがプラスの資産と言われ、長期保有すれば資産価値が増えることが期待されます。

一般的に、債券より株式のほうが、期待リターンもリスク（価格の振れ幅）も高いと言われています。リスクを抑えたい人は債券を多めに、リスクを許容し、高いリターンを目指したい人は、株式の比率を高めるとよいでしょう。

目標とする長期的な年率リターンが五％を超えると、どうしても株式を増やす必要がありま
す。もし一％のリターンで良いなら、株式系の資産を多く組み入れる必要はありません。
目標リターンによって、組み合わせは変わります。期待リターンはあくまでも未来の話なの
で、専門家によっても数字が異なります。

期待リターンの考え方は**第3章**で詳しく説明しますが、一つ例を挙げておきましょう。**図10**
はGPIF（年金積立金管理運用独立行政法人）の基本ポートフォリオです。

国内外の株式が合計五〇％配分されています。GPIFの運用目標は、「名目賃金上昇率を
引いて長期的に年率一・七％を最低限のリスクで確保すること」です。

そのための配分が**図10**ということです。自身の目標や許容リスクに合わせて、国内外の株式
と債券への資産配分を決め、運用を実行しましょう。

以上が基本の戦略ですが、より金融商品に詳しい人向けの応用編として、「もう一工夫」を
説明します。

株式や債券へ投資する投資信託には、いろいろな種類があります。

東証株価指数などの価格指数（インデックス）に連動する投資信託だけでなく、プロのファ
ンドマネージャーが運用を担当し、さらに高いリターンを目指すアクティブファンドもありま
す。これらを選んで組み合わせることもできます。

〈図10：GPIFのポートフォリオ〉

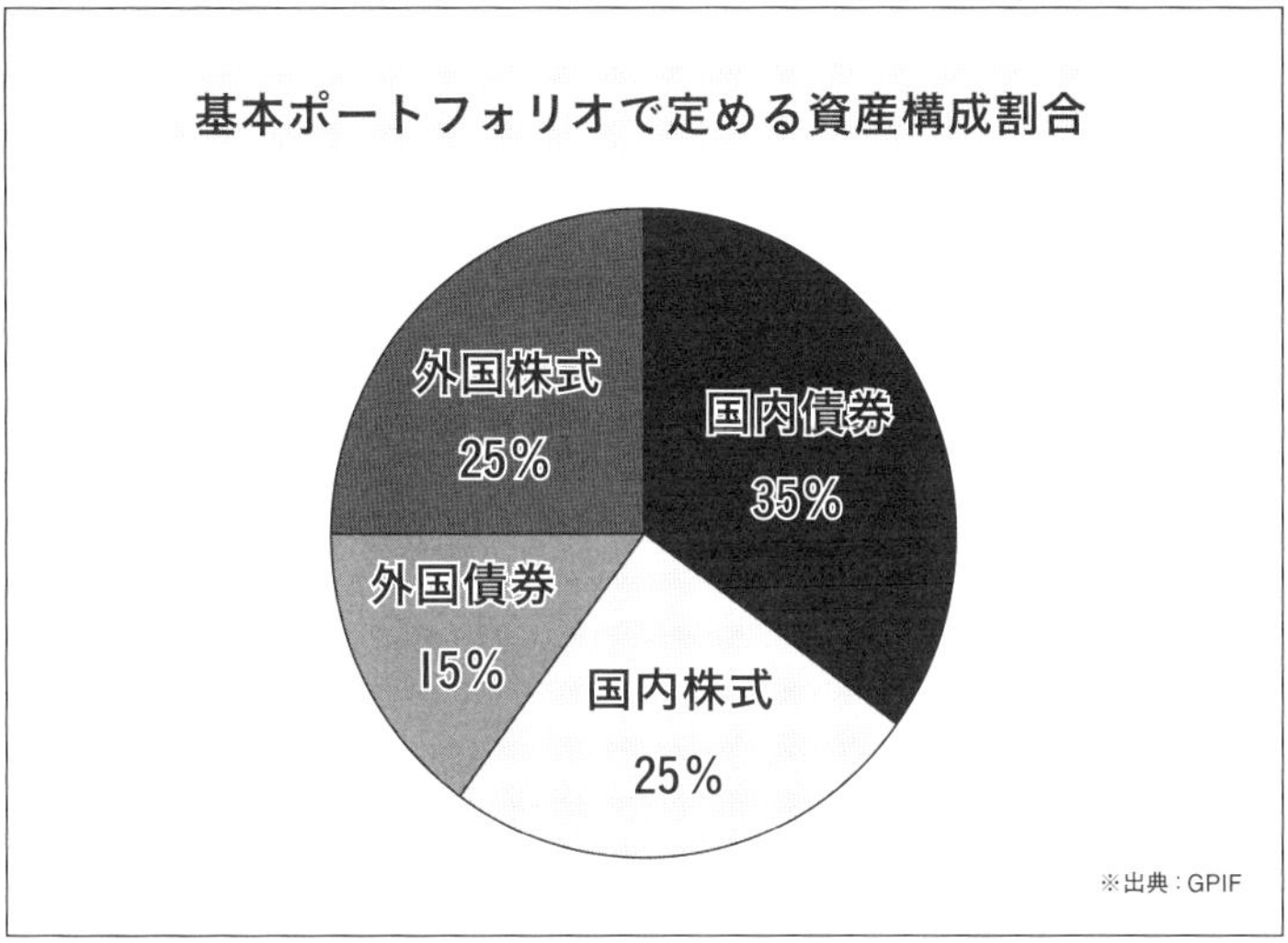

また、株式や債券と相関性が低い（価格が同じように動かない）オルタナティブ運用を組み入れることで、分散効果を出す、という戦略もあります。初心者の人はそこまで考えなくても良いですが、知識と経験が付いてくるとそういうやり方もあります。

欧米の機関投資家は特に、株式や債券だけでなく、オルタナティブ運用を組み入れたポートフォリオ（組合せ）を構築します。オルタナティブ運用については、**第3章の一括投資**で説明します。

このように、目標を実現するための戦略は、次のように決めていきます。

① 自身の許容リスクを考えながら、以下

の項目を決めます。

運用期間／運用手法／投資額／投資対象

②さらにリターン向上やリスク減を求め、良いアクティブファンドやオルタナティブファンドを追加することも考えます。

金融機関選びで踏まえておくべき二つのポイント

目標に向けて、積立と一括それぞれへの投資額、投資期間、投資対象（金融商品）が決まると、いよいよ実行のフェーズに移ります。

金融機関を選んで口座を開設し、投資信託等の金融商品を購入します。金融機関選びはさまざまな視点があるので、一概にどこが一番良いとは言えません。選ぶ際のポイントを挙げます。

①取扱商品の数

資産運用では投資信託を特に活用しますので、投資信託の取扱いが多い金融機関のほうが望ましいことになります。つみたてＮＩＳＡや、ｉＤｅＣｏの取扱商品も金融機関によって異なりますので確認しましょう。

また、個別の株式、ＥＴＦ（上場投資信託）や個別の債券なども運用してみたい人は、銀行ではなく、証券会社の口座開設が必要です。

②手数料

同じ投資信託でも、金融機関によって購入時の手数料が異なるケースがあります。手数料は安いにこしたことはありません。株式の売買手数料も、証券会社によって異なります。

これらの二点を考慮すると、大手のインターネット証券会社（楽天証券やＳＢＩ証券など）がおすすめです。

資産を「枯らさない」ために必要な「メンテナンス」

実行したらそれで終わりではなく、資産運用はそこからがスタートです。目標に向けて資産を運用する過程ではメンテナンスが必要です。

例えば、植物を育てるときには手入れが必要です。雑草を抜いたり、水をあげたり、剪定《せんてい》したりと、常に目を掛けていなければ、枯れてしまいます。

植物の場合、手入れには「正しい方法」があります。同じように、資産運用も「正しい方法」でメンテナンスをする必要があるのです。

資産運用のメンテナンスには、次の二つがあります。

①「リバランス」

特に一括投資での分散投資（ポートフォリオ運用）を行う際は、「リバランス」は必須事項です。**図11**の例で説明します。

当初、株式と債券に五〇％ずつ配分して運用をスタートしたとします。五〇〇万円ずつ、合計一〇〇〇万円を投資しました。

株式も債券も日々価格が変動します。最初の一年で株式は三〇％上昇し、債券は一五％下落しました。

二年目は逆に株式が三〇％下落し、債券が一五％上昇しました。

そして三年目は株式が三〇％上昇、債券が一五％下落したとします。

価格が上昇下落を繰り返すうちに、当初定めた五〇％ずつの配分がズレてしまいます。それを途中で**元の配分比率に戻すことを「リバランス」と言います**。

〈図11：リバランスの事例〉

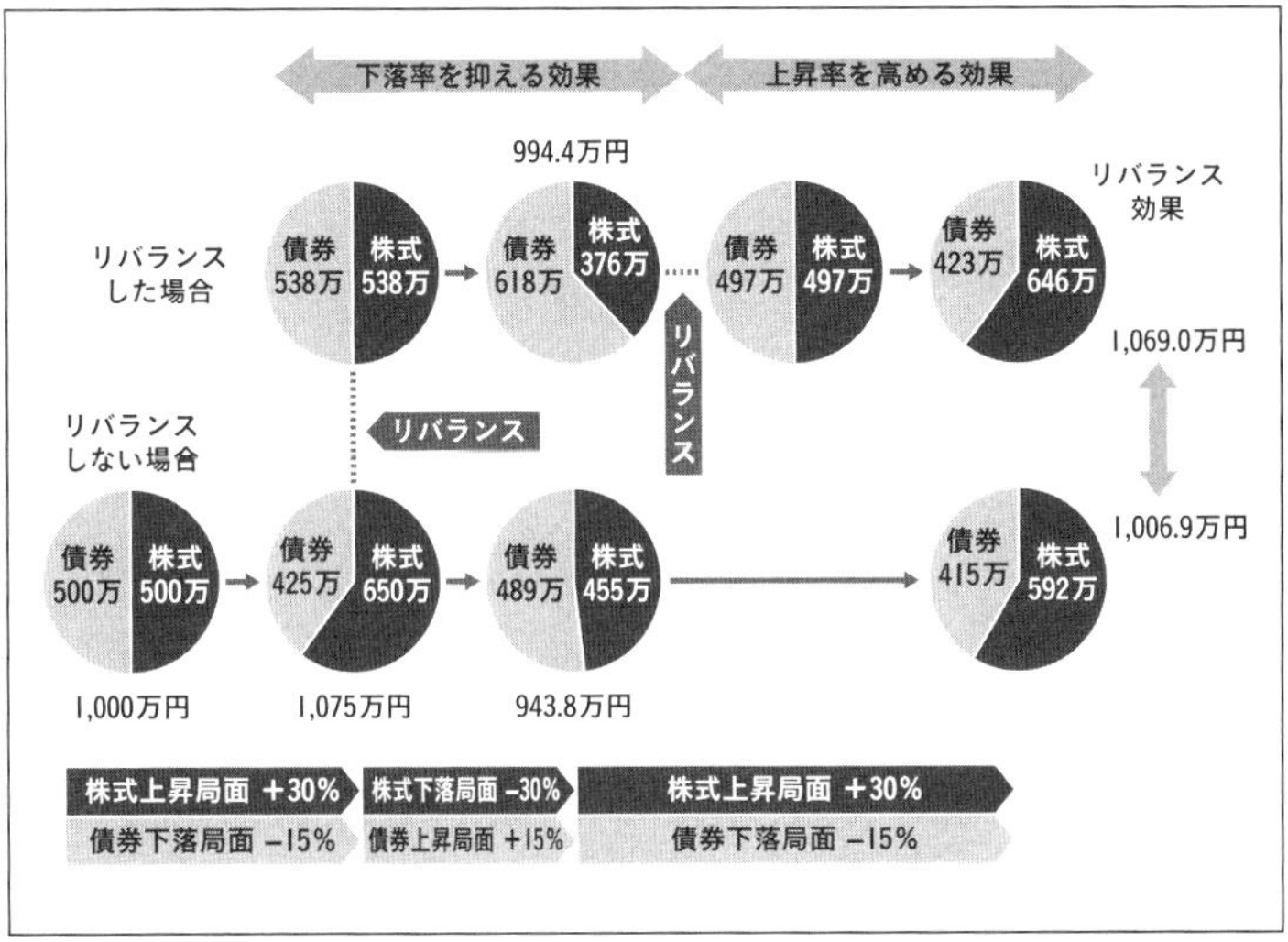

図11のケースだと、一年後に株式は上昇し、六五〇万円になりました。債券は下落し四二五万円、合計一〇七五万円になっています。

株式と債券の比率が大きくズレたので、元に戻します。具体的には、五〇：五〇になるよう株式を売却し、債券を購入します。

その後、二年目が終わるときには債券が上昇して株式が下落したため、再び配分比率が大きくズレました。

そこで、再度、リバランスを行います。五〇：五〇になるよう、今度は債券を売却し、株式を購入します。

そして三年目が終了すると、また比率がズレるので再度リバランスを行います。これがずっと続きます。

このように、「リバランス」とは、当初の

配分を維持するために行うものです。

もし、このケースでリバランスを一切せず、丸三年運用したら、図の下の段のようになります。上の段のリバランスをしたときと比べて三年間で約六二万円の差が出ています。

なぜこのようになるのかというと、ズレた配分比率を元に戻すということは、上昇したものを売って下落したものを買うという行為です。株式や債券は上昇と下落を繰り返します。上がったものを一部売却すれば、下落時に下げ幅を抑えられます。逆に下がったものを追加で買えば上昇時により上昇します。

例えば、リーマンショックのときには債券が上昇し、株式が大きく下落しました。そのとき、ポートフォリオ運用ではリバランスを行います。上昇した債券を売却し、下落した株式を購入するのです。

リーマンショックで株価が低いときにせっせと株式を購入するわけですから、その後の株価回復局面で値上がりが期待できます。機関投資家はこういうことを一定のルールのもとに実行していきます。

リバランスで重要なことは、しっかり実行することです。

リーマンショック時に安定的に上昇している債券を売却し、下落している株式を買うことを実際は実行できるでしょうか。恐怖等の感情が投資家の心理を支配します。多くの個人投資家は、こういうときになかなかリバランスを実行できません。

積立では、「価格が下がったものをいっぱい買える」と思う必要があり、一括投資（ポートフォリオ運用）は、「リバランスで安い株式を買える」とマインドセットする必要があります。

積立は自動設定しているので、何もしなければ買うことになりますが、リバランスは能動的に売買を行わないといけません。投資家には心理的な負荷が非常にかかります。

自分でリバランスをできる人は良いのですが、そうでない人にとって一番良いのは一任型の運用（ラップ口座等）で、リバランスの実行を任せることです。

私たちも配分比率や組み入れるファンドを独自に選定する「ファンドラップ」を、二〇一八年一〇月よりお客様にご案内しています。一括のポートフォリオ運用は多くの人にとって、一任型のほうが機能しやすいと実感しています。資産運用先進国のアメリカでも、やはり一任型（ラップ口座）がどんどん普及しています。

②「リプランニング」

メンテナンスでもう一つ重要なことは、自身の環境変化に対応することです。

当初プランを立てたときと比べ、自分自身の環境が変化したとき、プランを見直す必要があるか、確認するべきです。

例えば、転職をして収入が大きく上がったり（逆に下がったり）、今後の収入や支出、資産構成などに変化があった際は、見直しが必要になるかもしれません。

大企業に勤めて収入も安定していた人が、親の介護を機に地方に引っ越し、仕事もフルタイムでできなくなったら、収入は大きく下がります。仕事によっては、厚生年金から国民年金に変わるかもしれません。労働収入や将来の年金収入も下がり、毎月の積立額も修正する必要が出るでしょう。このようなケースだと、もう一度プランニングを練り直す必要があります。

また、長期の資産運用においては、日々の価格変動に一喜一憂し、計画にない売却・購入をしてしまわないことが大事です。

資産運用は、「価格変動と付き合っていくもの」なので、多少の値下がりは気にしないことが重要ですが、資産運用を始めた当初は、世の中のニュースや金融商品の価格変動が気になるものです。

だんだん慣れてきますので、早い人で二、三年も経てば、値動きが気にならなくなり、本人のリスク許容度が良い意味で変化します。

本来、長期運用可能でリスク許容度が高いはずの人でも、性格的に一喜一憂してしまうところがあるため、あえてリスクを抑えた「安定型」で運用をスタートするケースがあります。慣れや経験を重ねることで、「安定型」から本来可能なリスク許容度での運用に見直しを行うことが考えられます。

これは、逆もまたしかりです。本来は十分可能なリスク許容度で運用をスタートしても、実際の価格変動があったときに、すぐ売りたくなったり、買いたくなったりして、感情面を含めたリスク許容度が実際は低かった場合、現状の戦略ではリスクを取りすぎていると判断して、目標や戦略を見直す必要が出てきます。

運用環境や自身の環境変化に柔軟に対応していくことで、長期資産運用は成功に一歩近づきます。

マイホームは買ったほうがいいのか

第2章では、資産運用の流れを「目標設定→戦略→実行→メンテナンス」の順番で説明してきました。本章の最後に、ファイナンシャルプランを立てる際に関わる「不動産」と「保険」について、より詳しく解説したいと思います。

「資産」を大きく二つに分けると、金融資産と不動産になります。

実際、金融資産は幅広く金融商品のことを指していて、以下のようなものが挙げられます。

現預金／株式／債券／投資信託／保険／その他金融商品

二大資産のうちの一つ、「不動産」について解説していきます。

おそらく、すべての人が一度はマイホームを買うかどうか考えると思います。「賃貸が得か、持ち家が得か」といった議論もいろいろなところで展開されています。

皆さんにまずご理解いただきたいのが、「マイホーム購入は不動産投資である」ということです。ワンルームマンション投資など、自分が住まずに家賃収入を得る場合は、投資だと考えやすいと思います。ただ、自分で住むためのマイホーム購入を投資と言われると、違和感を持つ人もいるのではないでしょうか。

マイホーム購入は間違いなく投資です。ローンを組んでマイホームを購入すると、確かに名義も含めて自分のものになりますが、実際には、その物件は銀行に担保として押さえられています。毎月ローン返済をしますが、金利とともに借入元本を返済します。その元本返済の部分が自分のものになっていきます。毎月現金を自分の家（不動産）に変えていっていることになるのです。

マイホームは不動産ですから価格が変動します。資産価値があるので、損する可能性も得する可能性もあります。メリットもデメリットもある投資です。

マイホームについてよくいただく質問に「マイホームは買ったほうが良いかどうか?」というものがあります。

この質問の答えは、「人によって違うので、買ったほうが良い人もいれば、買わないほうが良い人もいる」ということです。

どういうことでしょうか?

例えば、会社勤めの人の場合、賃貸なら家賃補助が出るけれど持ち家だと出ないという会社があります。もし毎月八万円の家賃補助が出るとしたら、これは大きいです。

転勤が多い人も判断が難しいですね。単身赴任や、もし転勤になったら貸すなどの判断とセットで考える必要があります。

買うか買わないか、私は経済面と非経済面の両方の側面から判断することをおすすめしています。

①マイホームの資産価値を考える

経済面で判断する際のポイントは、まず資産価値を考えることです。今後、そのマイホームの売却を検討したときに、価値が上昇しているかどうか、ということです。

もし資産価値が上昇すれば、売却したときに利益が出ます。また、値下がりしても、賃貸生活をして家賃を払っていたことを考えると経済的に得かどうかという視点もあります。

仮に、五〇〇〇万円で購入したマンションを四五〇〇万円で売却したとします。その間、賃貸生活をしていたらかかった費用が一七〇〇万円だったとき、マンションを購入していたら、かかる費用の合計が一二〇〇万円未満なら買ったほうが良いことになります。

マンションを購入すると、購入時にかかる諸々の費用、住宅ローンの金利や手数料、固定資産税など税金、管理費や修繕積立金など多岐にわたります。費用がどれくらいかかるかも知る必要があります。

資産価値（経済面）を考えるときは、やはり立地の影響が大きいです。立地によって、不動産価格は影響します。一般的には、駅近は下がりにくいと言われ、駅から離れた場所や郊外は下がりやすいと言われます。周辺が開発や再開発されると街がガラッと変わりますので資産価値が高まるでしょう。

私は以前、横浜市のみなとみらい地区にマンションを購入して住んでいました。住み始めた頃は「空き地」が多かったのですが、その後開発が進み、商業施設ができてどんどん便利で快適になると、資産価値も上昇しました。東京に転居するために売却しましたが、今はさらに多くのマンションやホテル、商業施設ができて、価値が高まっています。

②知っていると大きな差がつく「住宅ローン金利」

経済面でもう一つ大切なことは、金利です。マイホームを購入する際、ほとんどの人は住宅ローンを組みます。ローン金利によって、経済面で大きな差が出ます。

先述した「支出」の説明でも触れましたが、例えば四〇〇〇万円のローンを三五年払い（元利均等払い）で組んだ場合、金利がずっと一％なら、金利の支払い総額は七四二万円です。二％なら一五六五万円、三％になると二四六五万円と大きな差が出ます。

もしローン金利を下げることができるなら、経済効果は大きいです。ローンを組むとき、同じ銀行で同じ金額を借りようとしても、人によって金利は異なります。その人の「信用力」によって金利が変わるからです。

銀行から見て、この人は「ちゃんと返済できるか」という視点で評価されるため、一般的には公務員や大企業に勤めている人のほうが「信用力」が高く、低い金利で借りやすいといわれています。

また、変動金利か固定金利かも悩みどころです。不動産会社は通常変動金利を勧めます。その時点では変動金利のほうが低いですから、毎月の返済額も固定金利より下がるので、借りやすい、つまりマイホームを購入しやすいからです。

ただ、今は歴史上でも稀なゼロ金利時代（二〇一九年七月時点では一〇年満期国債の金利はマイナス）ですので、変動金利が良く見えますが、世の中に「絶対」はありません。

もし今後何らかの理由で金利が上昇したら、固定金利のほうが有利になる可能性もあります。三五年固定金利にすれば、金利上昇の心配をする必要がなくなります。固定金利の代表格はフラット35ですが、どちらが自分に合うか検討しましょう。

変動金利を選ぶ場合は、シミュレーションをおすすめします。将来、金利上昇時に固定金利に切り替えるとそのときの金利で固定金利が決まるため、金利が上昇する前より高くなります。その際、それでも返済していけるかをシミュレーションします。

グーグルなどで「住宅ローン　シミュレーション」と検索すれば、シミュレーションができるサイトがいろいろ出てきます。もし二％なら、三％なら、四％ならと調べてみて、自分がローンを払えるかをチェックしておきましょう。

別の視点でマイホームを購入するメリットは、「保険」の機能です。銀行で住宅ローンを組むと団信保険というものへの加入がセットになっています。

団信保険とは、もし契約者が亡くなったら、残りの返済はしなくて良いという保険です。残った家族はローンの残債ゼロになりますから、毎月のローン返済がなくなります。

これがもし賃貸住宅だったら、契約者が亡くなった後も住み続ける場合は、家賃の支払いが続きますので、大きな違いがあります。

団信保険に加入している人は、死亡保障の生命保険を削減することもできます。

③意外に重要な「感情や想い」

経済合理性だけではなく、その人の事情や好み、感情、想いも重要な判断材料です。「戸建てで大型犬と暮らしたい」「両親と二世帯で暮らしたい」「このマンションに住みたい」「こだわりの注文住宅に住みたい」など、マイホームがほしい理由はさまざまだと思います。

マイホームを買うにあたって、ローンの返済ができる等、経済面の最低基準はクリアしないといけませんが、最後は「直感」だと思います。資産価値が多少下がったとしても、住みたい家に住めるなら、それは幸せなことだと思います。

ただ、「直感」には注意も必要です。例えば、新築マンションのモデルルーム等には「買いたくなる仕掛け」がいっぱいあるので、「ついうっかり」買ってしまう危険があります。

魅力的な映像をまず観てからイメージを膨らませ、その後、複数の間取りのモデルルームを見学します。デザイナーに依頼して作られた部屋は理想的な住環境そのものです。最後に、「ローンを組めば今の家賃より毎月の支出が減りますよ」と言われたら、思わず買ってしまいます。

ただ、そのときの「直感」は冷静さを失った感覚ですから、一度頭を冷やして考える必要があります。冷静に考えたうえで、それでもほしい場合は購入する、というほうが良いと思います。

ワンルームマンション投資に手を出すべきでない理由

「将来の年金代わりにもなるし、投資物件を買おうと思うけれどどうでしょうか？」

近年こうした相談が増えてきています。このときにお伝えしていることは、マイホームと投資物件はまったく別物ということです。

ワンルームマンションへの投資は、借金だけが残るリスクもある、ハイリスク投資です。頭金は少しで、大部分の購入資金はローンを組んで投資している人が多くいます。

投資物件の判断は、マイホーム購入とは違い、感情など非経済面で考えては絶対にNGです。投資ですから、感情を入れてはいけません。将来にわたる資産価値を総合的に判断する必要があります。立地、価格、金利、不動産市況、空室対策、諸費用、その他考えることは山ほどあります。

そもそも一般の人に「お買い得」な物件情報が回ってくるのでしょうか。不動産は、相対取引です。上場株式のように、取引所があってオープンな場で売買されていません。買いたい人と売りたい人との間で価格が成立します。「借金してでも買いたくなるような良い物件」の情報は、表には出ないと考えるほうが自然です。

また、ローンの金利も住宅ローンのように低くは組めません。変動金利で組んでいる人が多く、今は家賃収入から支払いができても、将来には金利上昇や家賃収入の低下、空室リスクなどさまざまなリスクがあるでしょう。

投資物件は素人が簡単に成功できる世界ではありません。

本当は恐ろしい「不動産投資」の世界

不動産投資の世界で、今二つのキーワードが気になります。それは、「サラリーマン大家さん」「相続対策大家さん」です。

「サラリーマン大家さん」とは、会社勤めをしながら、ワンルームマンションなどに借金をして投資している人です。複数の物件に投資している人も少なくありません。

また、「相続対策大家さん」とは、土地を保有している人が、相続税対策でマンションなどを建て「賃貸業」を行うことです。不動産は相続時の評価が時価より安く計算できるルールがあり、不動産会社から提案を受けて実行する人がたくさんいます。

この**両者に共通していることは、「素人」だということ**です。投資はあくまでプロの世界です。素人がプロに勝つのは容易ではありません。

借金をして投資し、期待どおりにならなかったとき、自己資金での投資ならば最悪でもゼロで済みます。ですが、借金をした投資は「マイナス」になる可能性もあります。

「サラリーマン大家さん」は、立地、価格、金利、家賃低下、空室などさまざまなリスクの対策を考え、本当に実行できるのかをよく検討してから行ってほしいと思います。

自己資金がほとんどない状況で「借金をして株式を買いましょう」と言われたら、多くの人が怖いと感じ、警戒すると思います。

でも「借金をして不動産を買いましょう」と言われたら、怖いと思わない人がいます。しかし、投資の本質は同じです。

一方、「相続対策大家さん」については、「その場所に投資物件を建てて本当に大丈夫ですか?」という点がいつも気になります。

不動産投資で一番重要なことは立地だと言われます。駅前など、立地がすべてという専門家さえいます。

相続対策で投資物件を建てる人は、親や先祖などから引き継いだ土地に、そのまま物件を建てるケースが多いです。当然、「駅前」ではないケースが多く、郊外や駅から遠く離れた場所に建てていることが少なくありません。

新築のときはそれでも良いかもしれませんが、年数が経つにつれ、価値も下がっていきます。相続対策や家賃保証など甘い言葉で判断をした結果、子や孫の世代が大変苦労する可能性もあります。

バブルが崩壊して、日本人の土地神話が崩れたと言われますが、私は不動産神話はしっかり残っていると感じます。不動産投資は、素人が簡単に儲けを出せる世界ではないということを、今一度心にとどめてほしいと思います。

保険は「公的保険」だけでも十分な理由

保険についても、一度考えてみてほしいことをお伝えします。

自動車保険や火災保険などの損害保険は、自動車や家の購入時にセットで通常加入しますから、ここでは生命保険や医療保険などについてお話しします。

日本は保険大国とも呼ばれ、加入率は世界一と言われます。さまざまなお客様の相談を聞いていると、保険に入りすぎだなと感じることも少なくありません。保険を検討する際に重要なことは、「その保険は本当に必要か?」という視点と、「そもそも自分はすでに保険に加入している」という事実です。

保険とは、保険料を払って、いざというときに保障を受けるものです。例えば会社員の人なら、毎月の給与明細を見ると、健康保険料や厚生年金保険料が引かれています。年金はいわば国が提供する保険です。「日本国保険会社」の保険に全員が自動的に加入しているようなものです。

もちろん保険なので、国からの保障を受けられます。例えば、病気になって病院に行ったときに一万円かかったとしても、三割負担なので三〇〇〇円で済みます。これは、「日本国保険会社」の「医療保険」に加入しているからです。

通常、民間保険会社の医療保険なら給付金を請求する際、病院で書類をもらって提出したり、面倒な手続きがあります。しかし医療保険制度は、差額の三〇〇〇円だけ払えばOKです。

さらにこの「日本国保険会社」の「医療保険」には、「特約」が付いています。例えば、高額な治療を受けた場合に保険適用後で五〇万円請求されたとしても、高額療養費制度というものがあり、適用できれば一〇万円弱ほどで済みます。まさに素晴らしい保険だと思います。

また、死亡時の「生命保険」としての遺族年金があります。

国民年金や厚生年金などの被保険者が亡くなられたら、遺された家族に支給される年金です。例えば会社員のご主人と奥さま（専業主婦）、お子さんの家族でご主人が亡くなると、奥さまは生涯何らかの年金が支給されます。国民年金の人の場合は、十八歳以下のお子さんがいないと支給されなかったり、人によって条件は異なります。

自身のケースに置き換えて確認しておく必要があります。詳しくは、日本年金機構のwebサイトで確認できます。

病気になったときも死亡時も、人によって条件は異なりますが、こういった保障が得られる公的保険に皆さん入っているのです。それなのに、さらに民間の生命保険会社で保険に加入する必要があるのかを考えます。それでも必要な人は加入すれば良いのです。

①　素晴らしい保険にすでに加入している。
②　さらに必要なら民間保険会社の保険に加入する。

この考え方を押さえれば必要以上に保険に加入せずに済みます。

では、公的な保険では不足があるケースとは、どのようなときでしょうか。それは大きな保障が必要なときです。重い病気や長期入院、長期療養、死亡時などは公的な保障だけでは、すべての人にとって充分とは言えません。そのような場合には、ガン保険や死亡保障、就労不能保険などを、自身の状況に合わせて、必要なものだけ加入すればよいでしょう。

第 3 章

「運用手法の使い分け」でリスクを軽減する

——ゼロからはじめる「積立投資」「一括投資」入門

「値下がりは怖くない」運用成果の「公式」を理解する

第3章では、資産運用の流れの中の「戦略」について、より詳しく解説していこうと思います。

特に、戦略を立てる際に重要となる、投資信託を活用した二つの運用手法（「積立投資」と「一括投資」）について説明します。

初心者の方だと、積立投資は理解しやすく、一括投資は難しく感じるかもしれません。ですが、どちらも重要な運用手法なので、それぞれ順番に説明していきます。

まず運用をするうえで押さえていただきたいのは、運用成果の公式です。

運用成果（評価金額）＝価格×量

このシンプルな公式が重要です。

例えば、株式投資を行っている人なら、「保有している株式の株価（価格）×株数（量）」を計算すると時価評価での運用成果を求められます。

仮にA社の株式を一〇〇〇株保有しているとします。A社の株価が今五〇〇円だとすると、評価金額は「五〇〇円（価格）×一〇〇〇株（量）＝五〇万円」になります。

また、投資信託を保有している人の運用成果は、「その投資信託の基準価額（価格）×口数（量）」で計算します。

この「価格×量」の公式を押さえたうえで、積立投資と一括投資の特徴と違いを見ていきましょう。

積立投資とは、「毎月」「同じ金額」「同じ投資対象を」購入し続ける行為です。定時定額購入とも言います。例えば、毎月、三万円、Aという投資信託を購入し続けるということです。

一方、**一括投資とは、「一度に」購入する行為**です。金額は関係ありません。一万円でも一〇〇万円でも一〇〇〇万円でも一度に購入することを言います。

この積立投資と一括投資、実は投資すべきものは異なります。まず一括投資から説明しましょう。

ここに価格の動き方が違う二つの投資信託があります**（図12）**。

〈図12：二つの投資信託の価格の動き〉

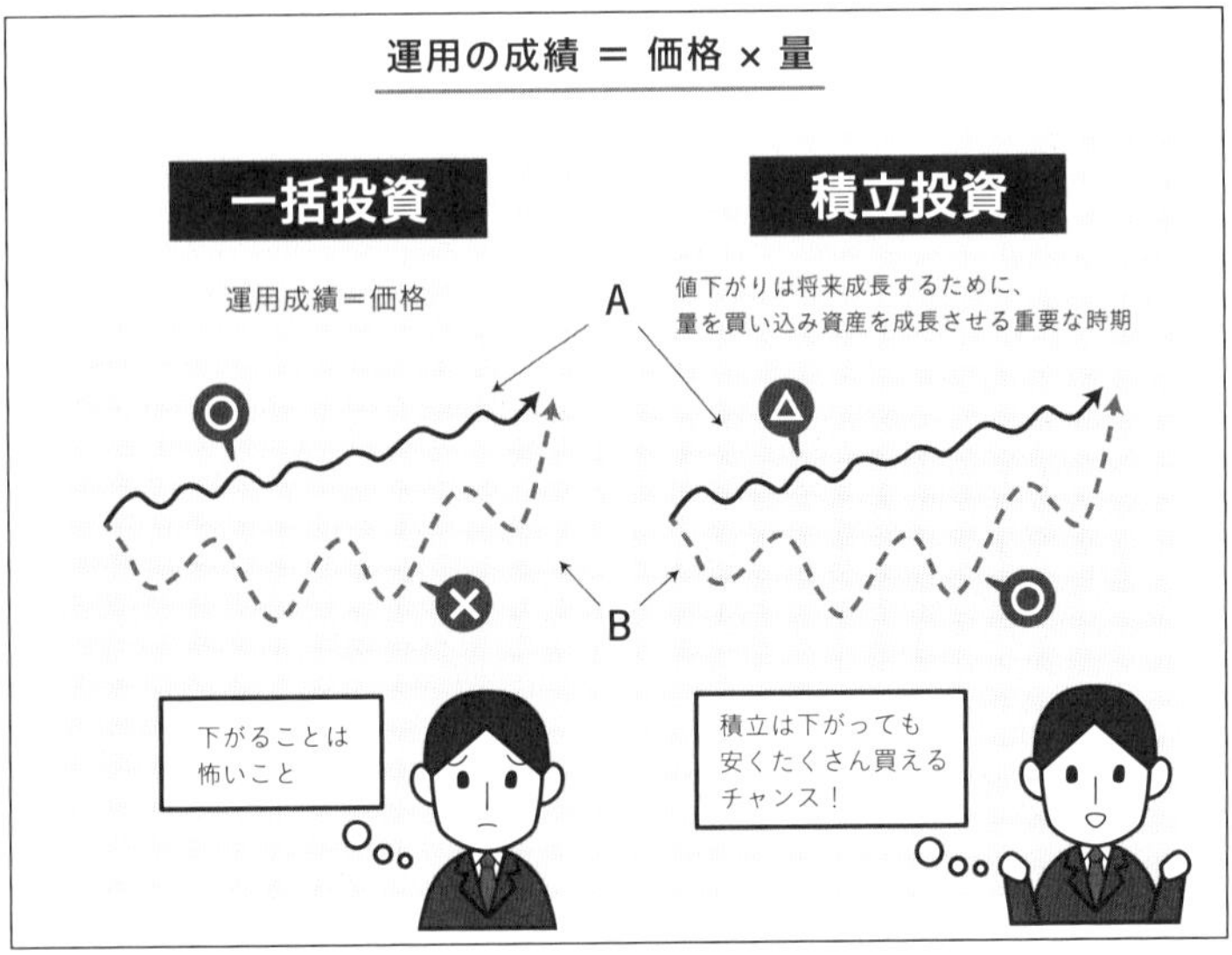

Aの投資信託は、価格が安定的に、振れ幅も小さく、右肩上がりに上昇しています。一方でBは、価格が上下に大きく振れながら動いています。価格は同じところからスタートして、ゴールの価格も同じです。

「あなたが一括投資を行う場合、どちらに投資したほうが安心できますか？」と聞かれたらどうでしょうか？　おそらくほとんどの人がAと答えるでしょう。その通りなのですが、なぜAなのかを「価格×量」で説明したいと思います。

一括投資は買うタイミングが一度しかありません。もし一〇〇万円を投資するなら、一度に一〇〇万円で購入できるだけの量を購入します。

購入したら、量が固定されます。量が固定されたら、運用成果は「価格×量」ですから、今後の価格変動のみが運用成果のすべてになります。この場合、「価格」が重要になるわけです。

Bの投資信託のように上下に大きく「価格」が振れてしまうと、毎日評価金額が変わり、「損するのでは……」と思って怖くなってくるでしょう。安心しようと思ったら、Aのように安定的に価格が動く投資信託を選んだほうが良いということになります。

一方、積立投資はAの投資信託よりBの投資信託で行ったほうが、成果が出ます。積立投資とは、毎月同じ金額で買える量を積み上げていく行為です。

毎月三万円の積立をするとしましょう。毎月三万円で買える量を積み重ねていきます。そうすると、価格は上がったほうが良いでしょうか、下がったほうが良いでしょうか。「量」に着目すると、価格は下がったほうが多く買えますよね。「価格×量」の公式であらわすと、こうなります。

価格（↓）×量（↑）

ほとんどの人が、運用は価格が上がらないといけないと考えます。だからこそ、これから価格が上がるかどうかを一生懸命考えて、「買い時」を探ります。

しかし、積立投資の場合は、価格は下がっても良いのです。価格が下がればその分、量を多く買えます。リーマンショックを想像してみてください。価格がぐんぐん下がっていくので、一括投資をしている人は恐怖感を覚えるでしょう。しかし、積立投資をしている人は量をどんどん買っていけるのです。価格が低迷すればするほど相当の量を買い込めます。

ここで重要なことが二つあります。

①量は一度買ったら減らない。
②価格はいつか上昇に転じる。

まず、量はどんどん足していく、積み上げていくだけなので、一度買った分は減りません。価格が低迷することで、量を積み上げるペースが加速します。量が積み上がると「大量」になります。

一方、価格はずっとは下がりません。個別の株式に投資をしていれば、もちろん倒産もあり得ますから、価格が下がり続けることもあります。しかし、何百、何千もの企業の株式に分散した投資信託であればゼロにはなりません。バブル崩壊や金融危機が起きても、価格はどこかで底打ちし、いずれ上昇に転じます。

量は増えたままですから、つまりいずれはこうなります。

価格（↑）×量（↑）

運用成果は上を向いたもの同士の掛け算ですから、評価金額は増えるという結論になるのです。

値下がりに強い積立投資のヒミツ

もう少し詳しく説明していきましょう。

価格が一〇年間で**図13**のように動く投資信託があったとしましょう。一万円でスタートしたものが、一時二〇〇〇円まで暴落しますが、最後は五〇〇〇円で終わっています。

スタート時に一括投資した人は、価値が半分になっています。一二〇万円を一括投資していたとしたら六〇万円に下がっているということです。この経験をした人は、「やはり運用は危ない」と資産運用にネガティブな印象だけが残ると思います。

これがもし、毎月一万円ずつこの投資信託に積立投資していたら、どうだったでしょうか。

〈図13：スタート時より下がった投資信託の例〉

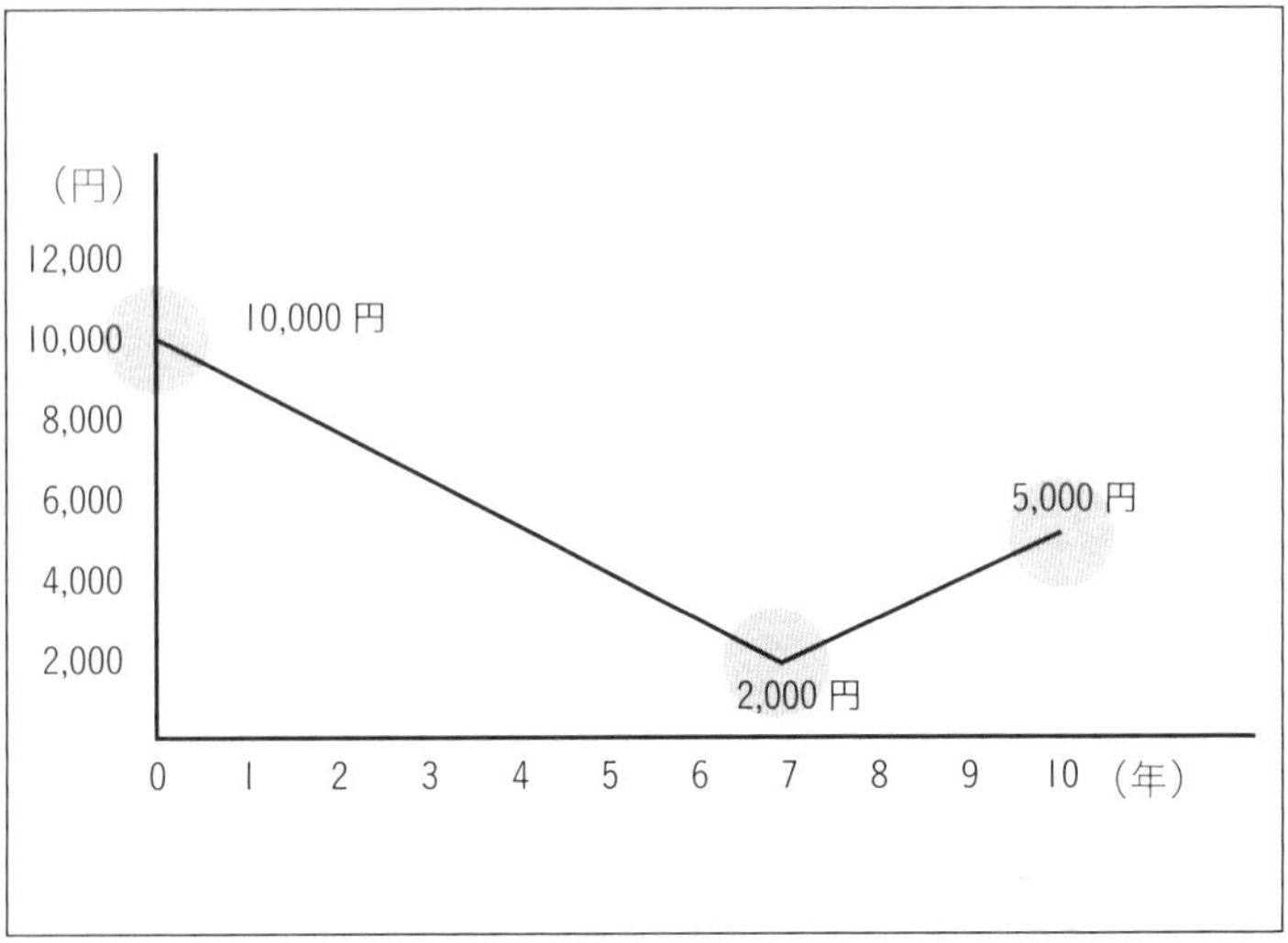

毎月一万円だと一〇年間で投資額は一二〇万円（＝一万円×一二カ月×一〇年）になります。結果的に一〇年間で二七八口を購入することができ、投資額一二〇万円に対して運用成果は一三九万円（＝五〇〇〇円×二七八口）に増えたのです。

なぜそうなるのか？　それは、あくまでも最後は「価格×量」で決まるからです。

価格は、スタート時の一万円が五〇〇〇円になっているのでマイナス要因です。一方、量は**価格が途中で大きく下がってくれたおかげで大量に購入**できています。

価格（↓）×量（↑）

価格が一万円のときは投資額一万円で一口

〈図14：V字回復した投資信託の例〉

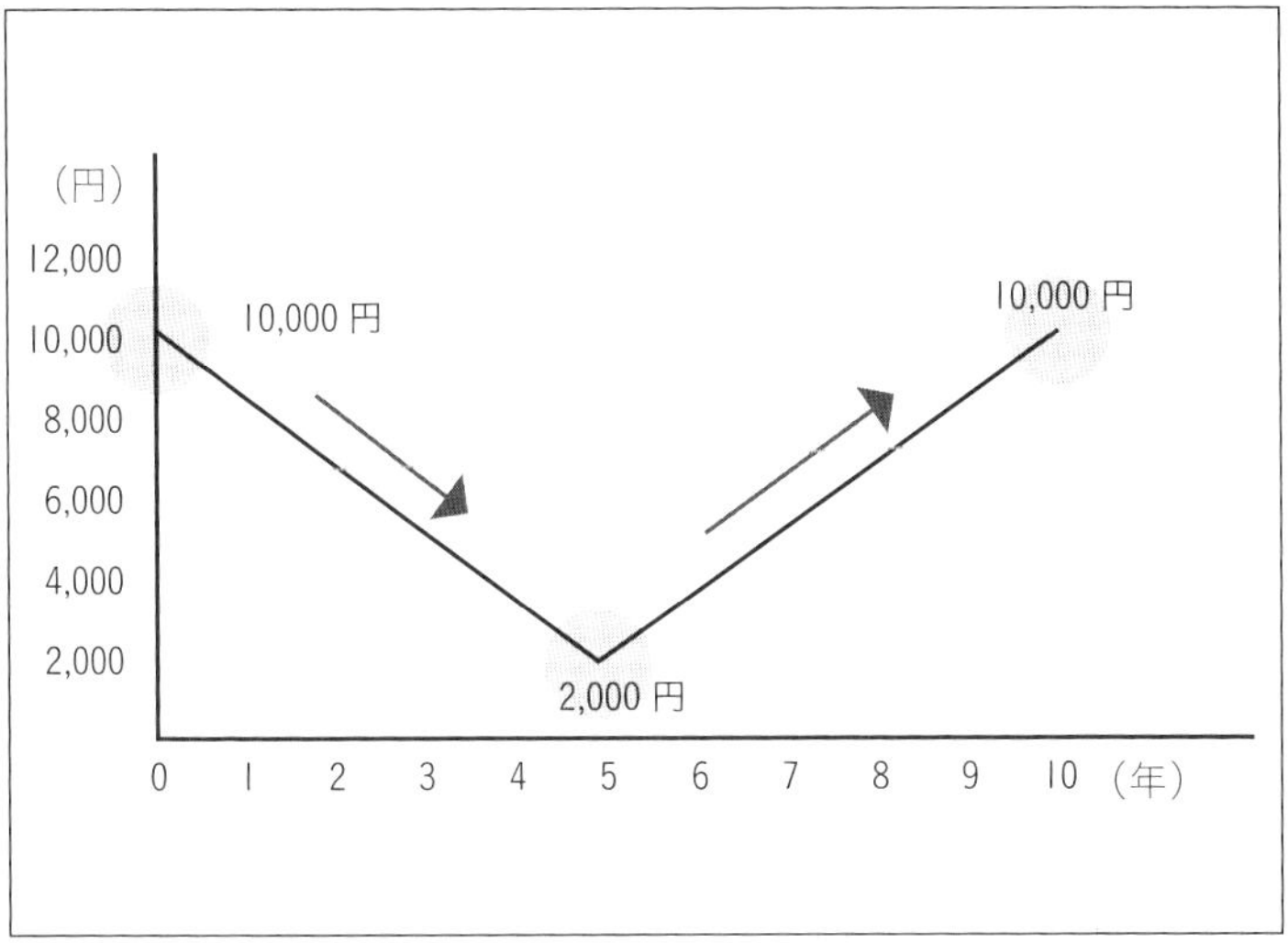

しか買えませんが、価格が二〇〇〇円まで暴落したときには五口も買えています。実に五倍の量を購入できているのです。量を大量に積み上げているので、価格が半値でも運用成績は上がるのです。

もう一つ、次の**図14**の例を紹介します。

今度は価格が一万円から二〇〇〇円まで暴落した後、もとの一万円まで回復しています。こうした現象は、株式市場ではよく起こります。

例えば、リーマンショック前の二〇〇七年頃、世界中が好景気に沸き、日経平均株価も上昇して一万八〇〇〇円を超えました。周囲も「株式投資で儲かった」という話であふれています。ここでもし、「よし、自分も！」

と一括投資していたらどうなったでしょう。

サブプライムローン問題が表面化し、二〇〇八年のリーマンショックにつながっていきます。日経平均株価も七〇〇〇円台まで一気に暴落してしまいます。

多くの人は、株価がここまで下がると、投資したことを自分の記憶から消そうとします。「なかったこと」にするのです。人間の脳は嫌なことを時間が忘れさせてくれるようになっていきます。こうして、いわゆる「塩漬け」状態になります。

「なかったこと」にしている間に、安倍政権が発足してアベノミクスがスタートし、株価がどんどん戻ってきました。自身の含み損もどんどん減っていきます。そしてとうとう自分が買った価格まで戻りました。

このとき、多くの投資家は「よし今だ、今売れば損しない！」と考えて売却し、資金を引き揚げます。「良い勉強になった。もう二度と運用なんか止めよう」と誓って……。このような人は、当時の日本中に大勢いたと思います。

一方、同じ投資信託に積立投資を行っていたらどうでしょうか。先ほどと同じように、毎月一万円ずつ、一〇年間で投資額は一二〇万円を投資しました。

運用成果はどうなっていたでしょうか。結果を見ると、二四一万円でした。価格はスタート時の一万円から一度も上昇してないのに、成果は二倍になっています。

価格は、一万円でスタートしたものが一万円で終わっているので、プラス要因でもマイナス要因でもありません。では、量はどうかというと、二〇〇〇円まで下がったおかげで二四一口も買えたのです。大量です。

途中で下がったおかげで量をいっぱい買えた。これが二倍になった要因です。

ここまでを踏まえた、積立投資のポイントは二点です。

❶途中で価格が下がることで量を買える。

❷価格は最後は上がったほうが良い。ただ、そんなに上がらなくても良い。

実例シミュレーションから考える積立投資

積立投資では値下がりがあっても運用成果を出せる、という仕組みについて、ご理解いただけたと思います。

ただ、頭ではわかっていても、まだ不安を感じるのではないかと思います。

そこで、実際のファンドの値動きに即して、より詳しく見てみたいと思います。

四つの投資信託で積立投資を行った場合にどうなったか、シミュレーションしてみます。い

〈図15：ニッセイ日経225インデックスファンドの場合〉

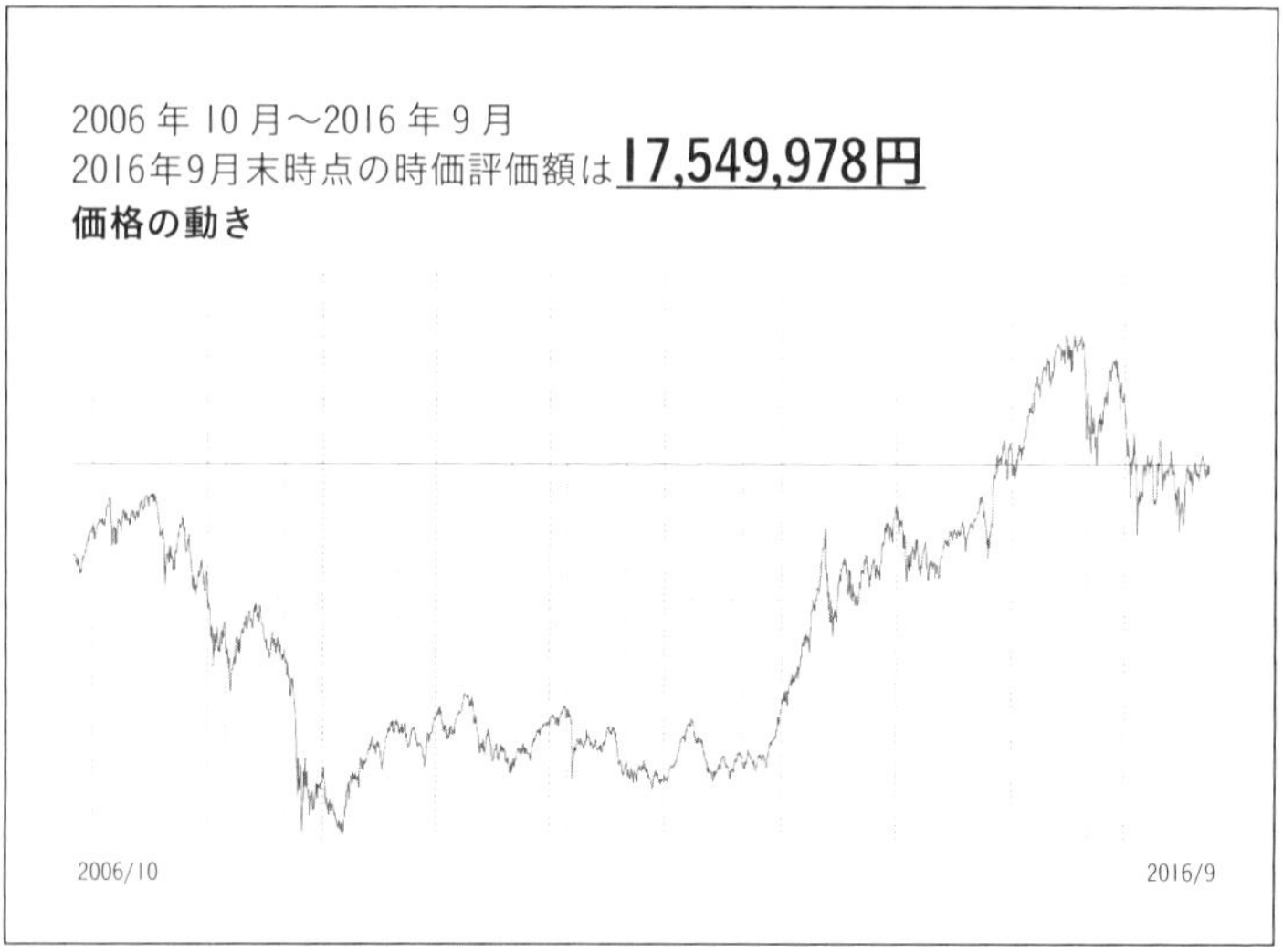

ずれも期間は二〇〇六年一〇月から二〇一六年九月まで、毎月一〇万円を積立して総額一二〇〇万円を積立した場合です。

①ニッセイ日経225インデックスファンド

まず一つ目は、ニッセイ日経225インデックスファンドです（**図15**）。日経平均株価に連動するインデックスファンドです。リーマンショックで価格が暴落し、その後低迷した後、アベノミクスで株価が戻りました。

この投資信託に積立投資をした場合の成果は、約一七五五万円です。約五五五万円増えています。なぜ増えたのかというと、途中、リーマンショックで価格がしっかり下がってくれたおかげで量をたくさん買うことができ

〈図16：DIAM国内株オープンの場合〉

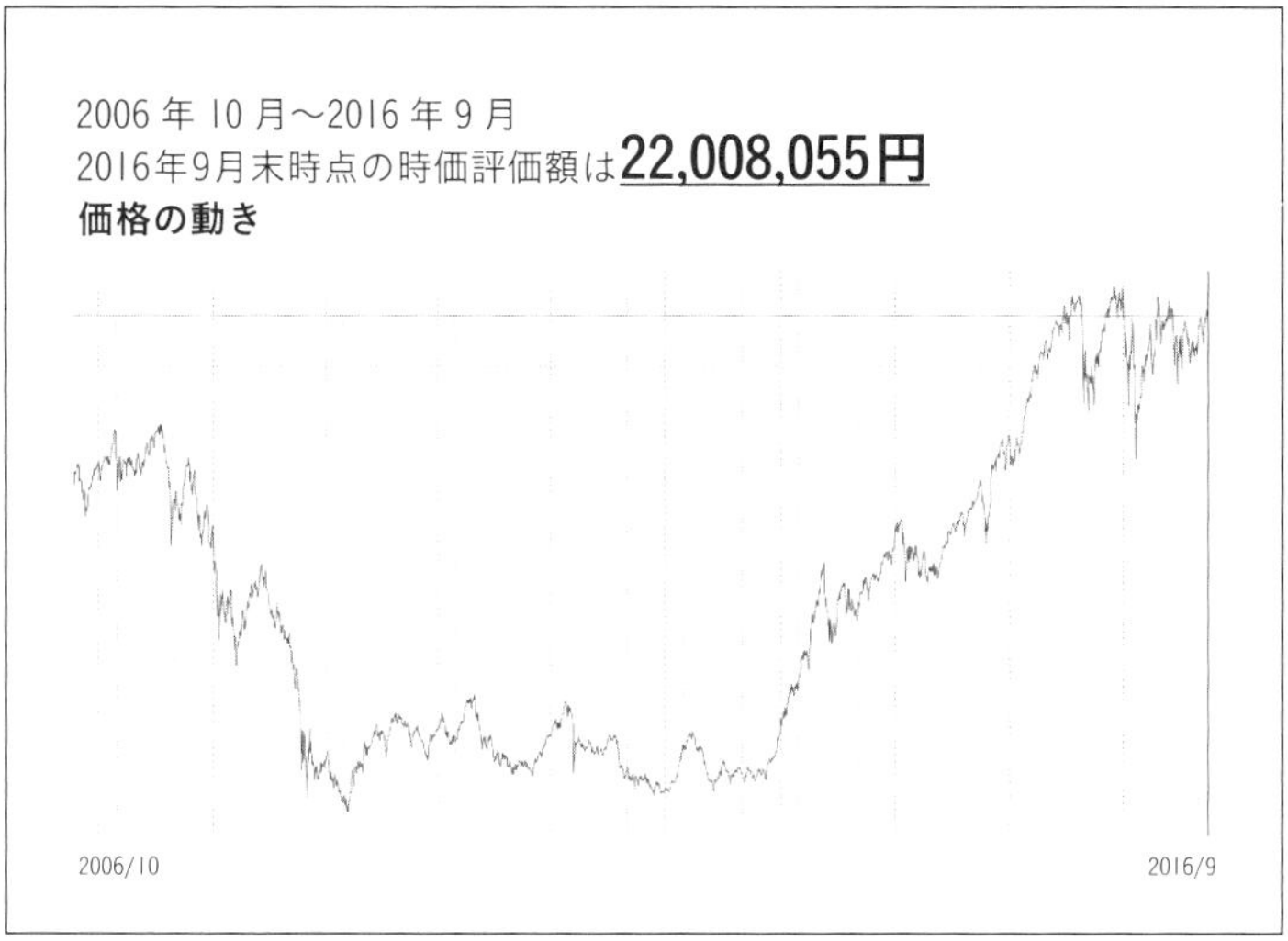

たからです。価格はスタート時とほぼ同じですが、量が増えたのです。

②DIAM国内株オープン

二つ目はＤＩＡＭ国内株オープン（図16）。

この投資信託はファンドマネージャーが銘柄選定し、市場（東証株価指数など）より良い運用成果を目指す、アクティブファンドと呼ばれる投資信託です。実際、日経平均株価よりも上昇しています。

この投資信託で積立を行った場合は、なんと約二二〇〇万円に増えています。価格はスタート時より高い位置なので、増える要因になっています。量に着目すると、リーマンショックで価格がしっかり下がっているので、大量に購入しています。途中価格が下がるこ

〈図17：三井住友・日本債券インデックスファンドの場合〉

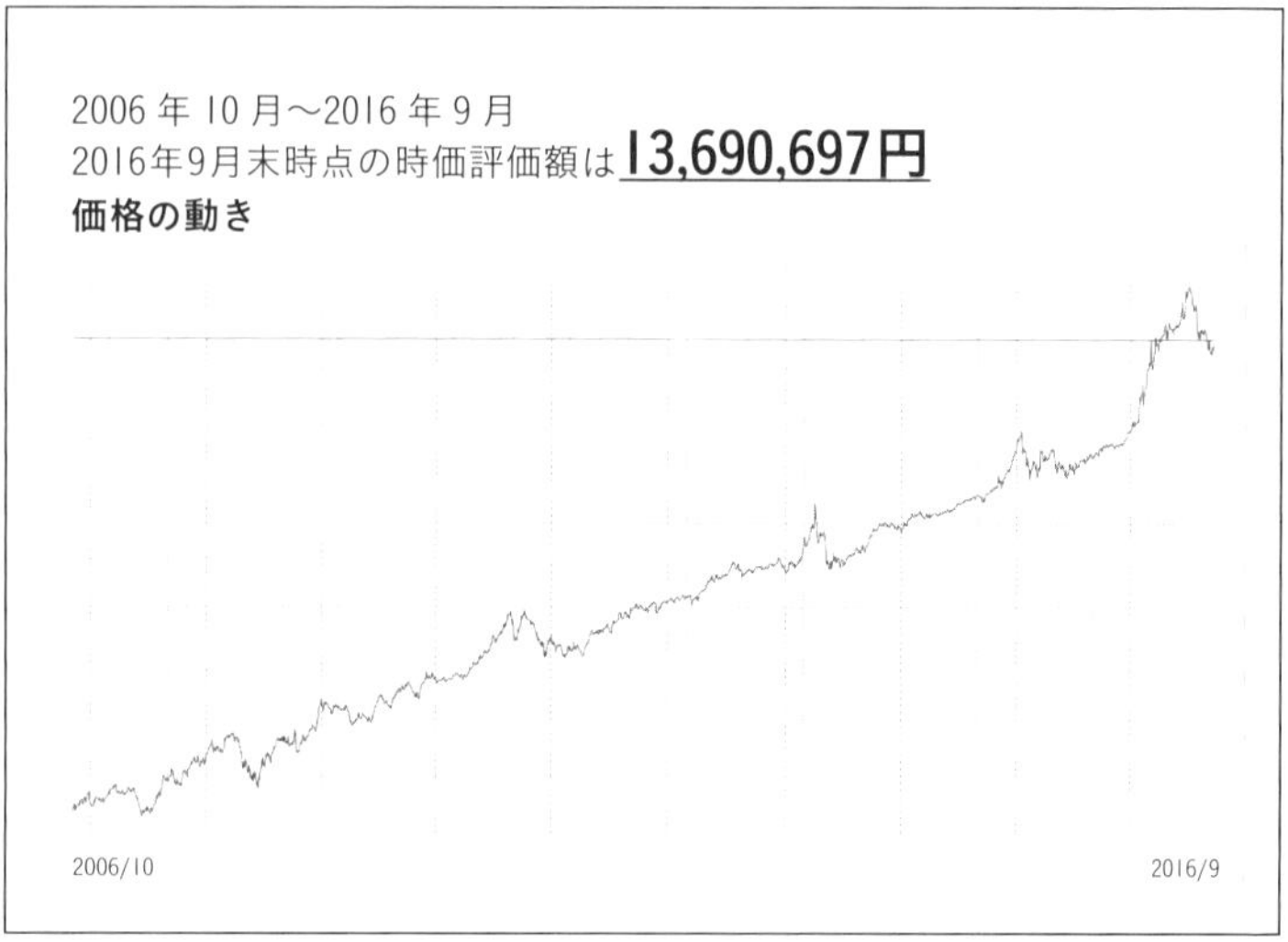

とで量を買い、最後しっかり上がると一番増えるパターンです。

さらに継続している人は、二〇一九年七月末時点で投資額一五四〇万円に対して約三四二六万円になっています。

③三井住友・日本債券インデックスファンド

三つ目は三井住友・日本債券インデックスファンドです（図17）。この投資信託は一〇年間でキレイに価格が右肩上がりになり、三〇%上昇しています。

ただ、この投資信託に積立をしていたら、結果は約一三六九万円です。増えてはいますが、①や②の投資信託と比べるとあまり増えていません。これは、価格は確かにプラス要

〈図18：HSBC BRICsオープンの場合〉

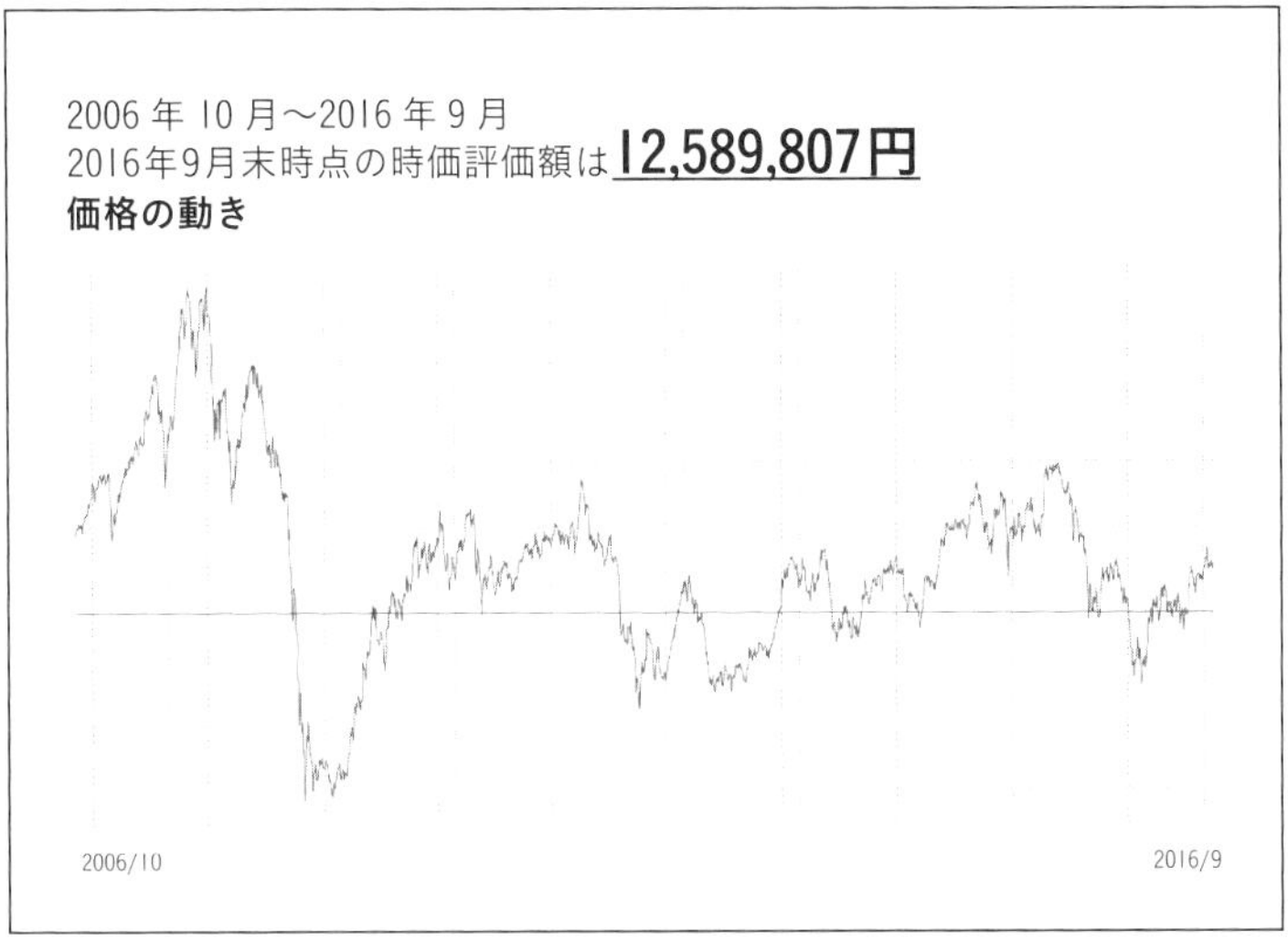

因ですが、途中で価格が下がらないため量を買えていないからです。「価格は下がらないと増えない」ということがこの投資信託からよく学べます。

④HSBC BRICsオープン

四つ目はHSBC BRICsオープンです（図18）。BRICsとは、ブラジル、ロシア、インド、中国の頭文字を取った造語で、この四カ国が世界の成長をけん引すると言われ、二〇〇六年、二〇〇七年頃は大変人気でした。そういったBRICsに投資をする投資信託が日本中でたくさん販売されました。

この本の後半でも説明しますが、人気のテーマ型投資信託を買うと損をするケースが多いですが、この投資信託も二〇〇六年、二〇〇七年頃に一括で購入していると損をしたことになります。では、この投資信託に積立をしていたらどうなったか。約一二五九万円です。あまり増えてはいませんが、逆にいえば、条件が不利な商品でも減らなかったともいえます。

一方で、この投資信託に一〇年間積立を行った人は、「別の投資信託に積立を行っておけばもっと増えたのに」と考えるかもしれません。この考え方は正しくありません。なぜなら、成長性の高い新興国の株式に一〇年間も積立をして増えていないということは、価格が低迷しているということです。つまり、大量に量を購入しているということです。

実際にこの後、二〇一九年七月末まで継続している人は投資額が一五四〇万円に対して約二二二三万円になっています。下がっているときこそ、積立投資のメリットが発揮されると言えるでしょう。

積立投資における「王道の投資信託」とは

それではどのような投資信託を選ぶのが良いのでしょうか。

基本は、一〇年以上継続できることが前提です(一五年以上ならもっと良い)。

中でもおすすめは、ズバリ、**世界の株式に分散投資をする投資信託**です。「分散対象が世界」

と「株式への分散投資」というところがポイントです。

まず、「分散対象が世界」であるべき理由とは、特定の地域や国に対象を限定すると、長期的に株価が低迷するリスクがあるからです。日本が良い例です。一九八九年一二月末に日経平均株価が終値で三八九一五円という史上最高値を付けた後、バブル崩壊で長期低迷しました。約三〇年後の二〇一九年六月末でもまだ二万円前後です。

日経平均株価にずっと積立投資をしていると、それでも増えますが、同じ三〇年の間、アメリカのS&P500種指数は途中、暴落も経験しながら二〇一九年七月時点で一〇倍近くになっています。積立投資は、最後はなるべく価格が上昇したほうが良いですから、どこかの地域に偏らず、分散したほうが長期的な株価低迷のリスクを避けられるわけです。

「株式への分散投資」が良い理由は二点あります。

① 株式は途中必ず価格が大きく下落するから。
② 期待リターンが高いので、長期的には価格上昇が期待できるから。

当然ですが、株式は価格変動が大きく、一直線に上昇はしません。途中何度も価格が大きく下がります。そのたびに量をたくさん買えるのです。そして、世界の株式に分散していれば、世界経済の成長とともに、上場企業の利益の積み増しで株価上昇が期待できます。この点は、この後の「期待リターン」の項目や**第5章の質問20（P264）**で詳しく説明しましょう。

「一〇年（できれば一五年）以上継続できること」を前提にしたのにも、理由があります。経済はだいたい一〇年でワンサイクル回るからです。

例えば、日本だと一九九〇年頃にバブルが崩壊し、株価が大きく下落しましたが、のちにITバブルが起こりました。そのITバブルも二〇〇〇年に崩壊、その後再度、株価が上昇したところで二〇〇八年のリーマンショックです。「崩壊で下落、新たなバブルで大きく上昇」のサイクルによって、価格はVの字のように動きます。これが積立投資で一番成果が出る価格の動き方です。

したがって、一〇年以上継続できる場合は「世界株に分散投資した投資信託」を選ぶことをおすすめします。

では、一〇年継続できない場合はどうでしょうか。継続できない場合というのは、積立投資の継続期間終了とともに全部を解約しなければいけないことを指しています。積立投資を止めて、その時点で評価損が出ていたとしても、解約せずにその投資信託を保有し続けるなら価格が戻る期待ができるからです。

〈図19：期間別おすすめの積立方法〉

	積立期間	おすすめの積立方法
積立投資	長期（10年以上）	世界の株式に投資する投信に積立
	中期（5〜10年）	バランス型投信（安定〜ミドル）に積立
	短期（5年未満）	預金など安全資産に

図19の通り、五〜一〇年未満は株式のみに投資した投資信託ではないほうが良いです。債券も組み入れたバランス型をおすすめします。五、六年では途中で価格が大きく下落したときに解約になってしまうと、損をしてしまいます。ただ、五〜一〇年でバランス型を選べば必ず良い結果になるとは言えませんので、ご自身のリスク許容度に合わせて、バランス型の中でもより安定的なものを選ぶことも考えましょう。

五年未満で解約することになるのであれば、基本的には現金（預金）など安全資産にしておくことをおすすめします。

よくいただく質問に、「四〇歳のときから二〇年継続を目標に、世界株の投資信託で積立を始めました。一三年が経ち、残りあと七年ですが継続して良いのでしょうか?」というものがあります。

このときの考え方のポイントは、「あと何年継続できるか?」です。

一三年も世界株の投資信託で積立投資をしていたら、量はすでに大量になっています。その際、すべての資産が株式だと残り七年で下がってしまうかもしれません。七年後に必ず全部解約しないといけないのであれば、保有している投資信託も、積み立てる投資信託もバランス型などに変更したほうが良いでしょう。

また、当初の計画では二〇年後の六〇歳で積立投資を止める予定でしたが、まだ何年も継続できる状況になっているかもしれません。その際は、保有している投資信託の残高部分もこれから積み立てていく投資信託も必ずしも切り替える必要はありません。

注意点として、量が大量になった状態で中身がすべて株式の場合は、価格の振れが大きく、ハラハラするかもしれません。基本的に、長期運用が可能なら許容リスクも高まり、期間が短くなるほど許容できるリスクは低くなります。

自身のリスク許容度(=価格の振れへの許容度)にも合わせて、毎月の積立は世界株の投資信託を継続したとしても、すでに保有している残高部分は一括投資のポートフォリオに切り替えることも選択肢になってきます。

一括投資で失敗してしまう「よくあるパターン」

積立投資は、理屈を理解し正しい金融商品を選択すれば、あとは継続です。実際にご相談にいらっしゃるお客様にも、投信で積立投資を一〇年継続し、成果が出ている人もいます。しかし、そういう人でも一括投資はなかなかうまくいかないとおっしゃる人が多いです。ここでは一括投資について説明します。一括投資で失敗する人は、だいたいパターンが決まっています。

① 人気のテーマ型投資信託で高値づかみをしてしまう。
② 毎月分配型投資信託を投資の中身で良し悪しを判断せず分配金で判断して購入・売却してしまう。
③ 投機や投資をしていて分散投資（ポートフォリオ運用）になっていない。

だいたいこのどれかに該当します。失敗パターンについては、前著『投資信託　失敗の教訓』（プレジデント社）で詳しく解説していますので、ぜひ参考にしてください。

では、一括投資はどのようにすれば失敗パターンに陥らずにうまくいくのでしょうか。運用の公式はシンプルに「価格×量」です。積立は量を積み重ねる行為なので、価格は途中で下がることが重要でした。

一方、一括投資は一度に購入する行為です。購入するタイミングは一回だけです。そのタイミングで量が固定されます。「価格×量」の量が固定されると、あとは価格変動のみで時価評価が決まります。価格が上下に激しく動くと、時価評価も同じように変動しますから、怖いですよね。

したがって、一括投資は価格が極力上下に激しく動かないように、価格の振れ幅を抑えながら運用することが重要になります**（図20）**。

では、価格の変動を抑えるにはどうすれば良いのでしょうか。それは分散投資です。一企業の株式や債券だけに投資すると、株価の長期低迷や倒産の可能性もあります。さまざまな企業の株式や債券に分散することが基本です。

また、日本だけではなく世界の株式や債券への分散も基本です。例えば、一九九〇年から二〇一九年七月末までを見ると、日経平均株価は約半値ですが、アメリカの株式市場（S&P500）は約一〇倍になっています。通貨も円だけではなく、USドルなどへの分散が重要と言われます。世界の株式や債券に分散投資することが大切ということです。

〈図20：一括投資とは?〉

意外と知らない分散投資の基本

一般的に株式と債券には二つの関係性があります。

① **株式と債券は価格の動き方が異なる（相関性が低い）。**

→組み合わせることで分散効果が期待できる。

② **株式のほうが債券より期待リターンが高く、価格の変動幅（リスク）も大きい。**

→積極型は株式比率を高めに、安定型は債券比率を高めに。

まとめると、**世界の株式や債券に分散する。**

そして、積極型の人は株式比率を高めて、安定型の人は債券比率を高めるというのが分散投資の基本です。

分散投資（ポートフォリオ運用）を行う際には三つの視点が必要です。

① 期待リターン

② リスク

③ 相関性

では、①期待リターンから順に解説していきましょう。

そもそも分散投資を行うにしても、一つ一つの投資対象の長期的な資産価値の上昇が必要です。

長期的にみて年率何％くらいのリターンが期待できるかの想定を期待リターンと言います。

未来の話なので、期待リターンの計算は難しいのですが、その資産の特性や成長性など、さまざまな観点から算出します。参考までに、**図21**のイデア・ファンド・コンサルティングが出している各アセット（資産）クラス別の期待リターンの表を見てください。

ここで確認していただきたいことは、**通常株式のほうが債券よりも期待リターンが高いこと**

〈図21：アセットクラス別期待リターン〉

各資産クラスの期待リターン（長期の成長）

資産クラス	期待リターン（年率）	資産クラス	期待リターン（年率）
国内株式	6.45%	米国 HY 債券	5.24%
先進国株式	7.25%	米国 HY 債券（為替ヘッジ）	2.60%
新興国株式	9.78%	新興国債券（米ドル建て）	4.66%
国内債券	-0.13%	新興国債券（為替ヘッジ）	1.96%
先進国債券	1.44%	新興国債券（現地通貨建て）	5.96%
先進国債券（為替ヘッジ）	0.27%		

※出典：(株) イデア・ファンド・コンサルティング

と、株式も債券も期待リターンがプラスであることです（※一部の国、地域では国債の利回りがマイナスになっているケースがあります）。

なぜ株式のほうが債券よりも期待リターンが高くなるのでしょうか。

それを説明するために、ここで簡単に「株式」と「債券」の違いを説明します。

企業が株式か債券で資金調達する際に、投資家が求めていることを考えればわかります。投資家が期待できるリターンは二つあります。

①キャピタルゲイン：資産価格上昇によって得られるリターン

②インカムゲイン：配当や利息などのリターン

〈図22：債券とは?〉

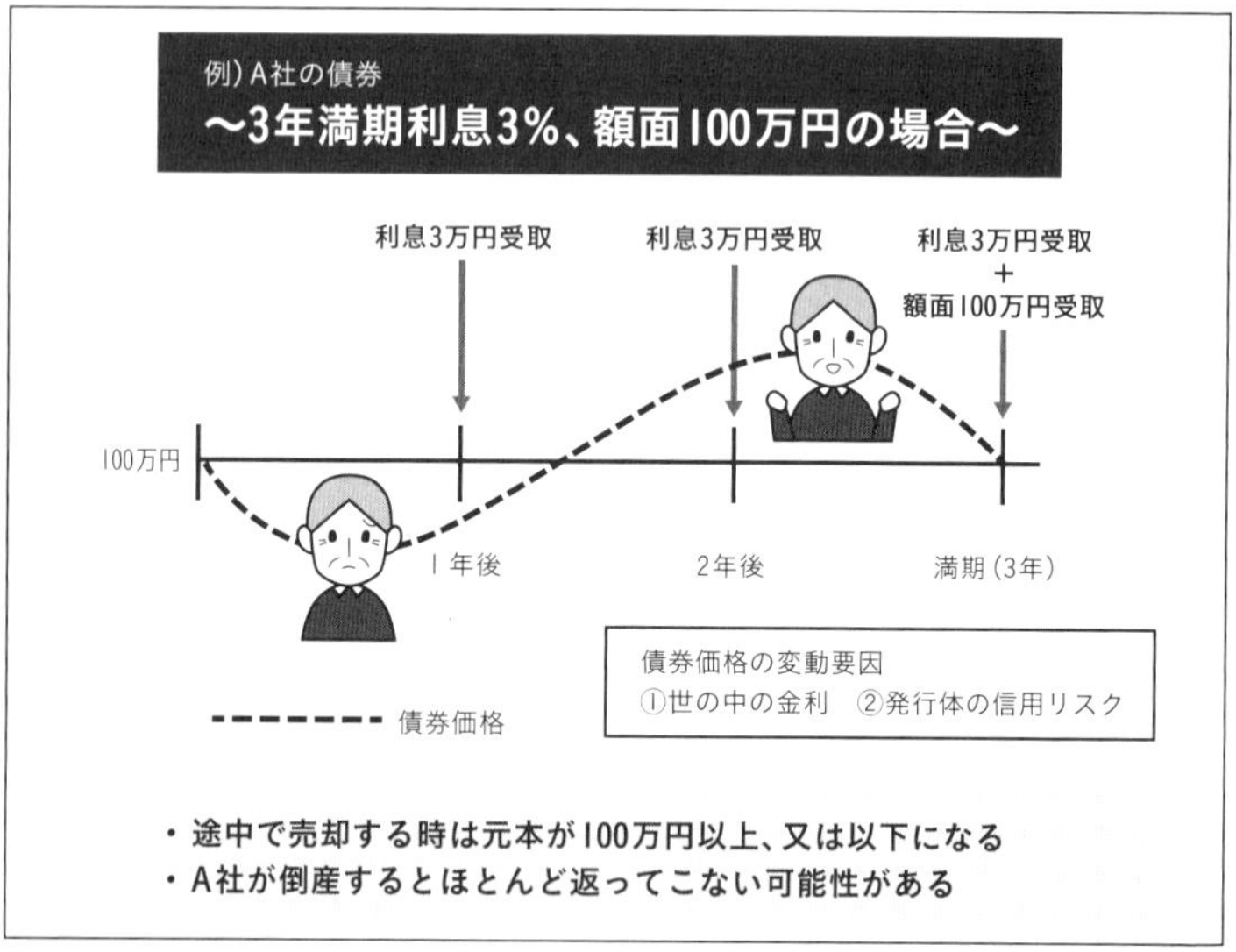

まず債券から説明します（**図22**）。

債券とは、発行体（国や企業）と投資家との間でのお金の貸し借りです。満期が決まっていて、毎年の利息も発行されるときに決まります（固定金利）。倒産や国家破綻が起こらない限り、必ず満期時に元本（額面金額）が投資家に返されます。

例えば、一〇〇万円で発行された債券は、満期時に一〇〇万円で投資家に返されます。投資家から見たときに、債券投資に期待するリターンは、満期までの利息（インカムゲイン）です。発行体側（国や企業）から見ても、投資家への義務は、利息の支払いと満期時の額面金額返済です。

つまり、利息は必ず払わないといけませ

んが、それ以外に業績が良かったから追加で配当を払うなど、利益を還元することはありません。満期時に一〇〇万円で発行された債券は一〇〇万円で返ってくるわけですから、価格の上昇（キャピタルゲイン）は期待できません。

正確に言うと、債券は満期までの途中での売買は価格が一〇〇ではなく変動しますので、途中で九五で買えば、満期時に一〇〇で返ってきます。その部分がキャピタルゲインということになります。

ただ、そのキャピタルゲインと利息を含めて満期まで保有するといくら利益になるかということを「利回り」と言いますが、**満期までの利回り＝債券の期待リターン**となります。債券は業績悪化しても倒産しなければ元本（額面金額）が満期時に戻ってきますから、発行体の格付がある程度高ければ、リスクも低いという特徴を持ちます。

一方、**株式の期待リターンはキャピタルゲインとインカムゲインの両方**です。投資家の視点に立つと、企業の株式を保有するということは、その企業の株主になるということです。

上場会社は事業成長と利益成長を投資家（株主）に求められます。企業は利益を事業に再投資し、さらに事業を成長させるか、成長に資金を回さないのであれば株主に配当金を支払います。成長していくと企業価値が高まりますから、株価も上昇します。これをキャピタルゲインと言います。株主が配当を受け取ることがインカムゲインです。

つまり投資家は、株式に対してキャピタルゲインもインカムゲインも求めます。その反面、投資した資金は債券と異なり、満期があって元本が返ってくるわけではなく、企業価値が下がり、株価が下落すること（キャピタルロス）もあります。つまり期待するリターンも高い反面、リスクも高くなるのです。

株価の期待値は「PER」でわかる

次に、**「株式も債券も期待リターンがプラスであること」**について説明していきます。

「期待リターンがプラス」ということは、株式も債券も分散して長期保有すれば、価値が上昇するということですが、このことに違和感を持つ人も多いのではないかと思います。

「長期で保有したって下がるときは下がるよ」

「実際、一九八九年末の日経平均株価の最高値で日経平均株価に投資していたら、約三万九〇〇〇円が今は二万円強で約半値になっている」

というように考える方も多いと思います。

確かに日本の株式市場を見ていたら、そう感じることも納得できます。先述しましたが、同時期のアメリカの株式市場（S&P500）は、ITバブル崩壊やリーマンショックなどを経験しながらも約一〇倍になっています。日本だけでなく、世界の株式に分散していれば、株価の上昇の恩恵を受けられたはずです。これは配当を考慮していない数字ですが、配当を含めて考えるリターンはその分さらに上昇します。

では、なぜ世界の株式に分散すれば株価は上昇するのでしょうか。

株価の計算式はこうです。

株価＝企業の一株あたり利益（ＥＰＳ）×期待値（ＰＥＲ※）

※ＰＥＲ＝株価÷企業の一株あたり利益。ＰＥＲは株価が企業の一株あたり利益の何倍分の価格になっているかを計ることで、割高（期待値大）、割安（期待値小）を示す数字

株価を分解すると二つの要素の掛け算であることがわかります。企業の一株あたり利益（ＥＰＳ）が上昇すると、株価が上昇する要因になります。

もう一つ、期待値が上昇しても株価は上昇します。例えば、ある企業が新規事業を発表し、将来利益が伸びることが期待されると（ＰＥＲ上昇）、現時点でその企業の一株あたり利益は上昇していなくても、期待値上昇で株価は上昇します。

〈図23：米国株式市場の長期推移（一株あたりの利益と期待値）〉

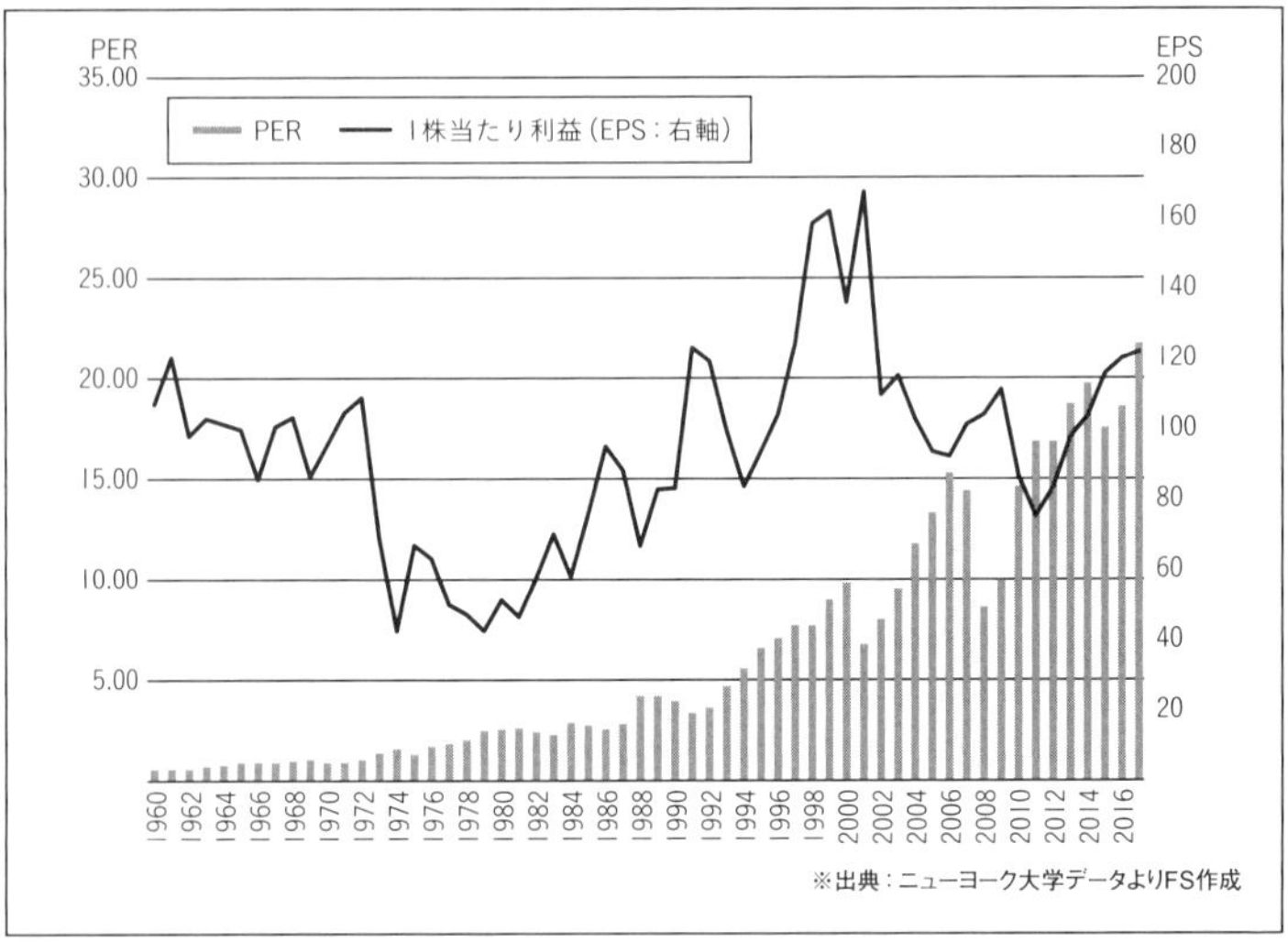

図23をご覧ください。期待値（ＰＥＲ）は大きく上下しています。ここで重要なことは、期待値というのは政治・経済情勢やさまざまなことで変化するという点です。

一方、企業の一株あたり利益は毎年プラスで推移しており、前年と比較して減益になる年もありますが、大半の年は増益です。たまに減益になることもありますが、増益を繰り返し、企業の一株あたり利益は伸び続けているということです。

そして、その一株あたり利益と連動し、株価も上昇しています（**図24**）。株価の変動要因は、短期的には期待値で決まります。中央銀行や国の政策期待、政治情勢、さまざまなニュースに市場の期待値は変化し、その影響を受けます。期待値は大きくなったり、小さ

〈図24：米国株式市場の長期推移（一株あたりの利益と株価）〉

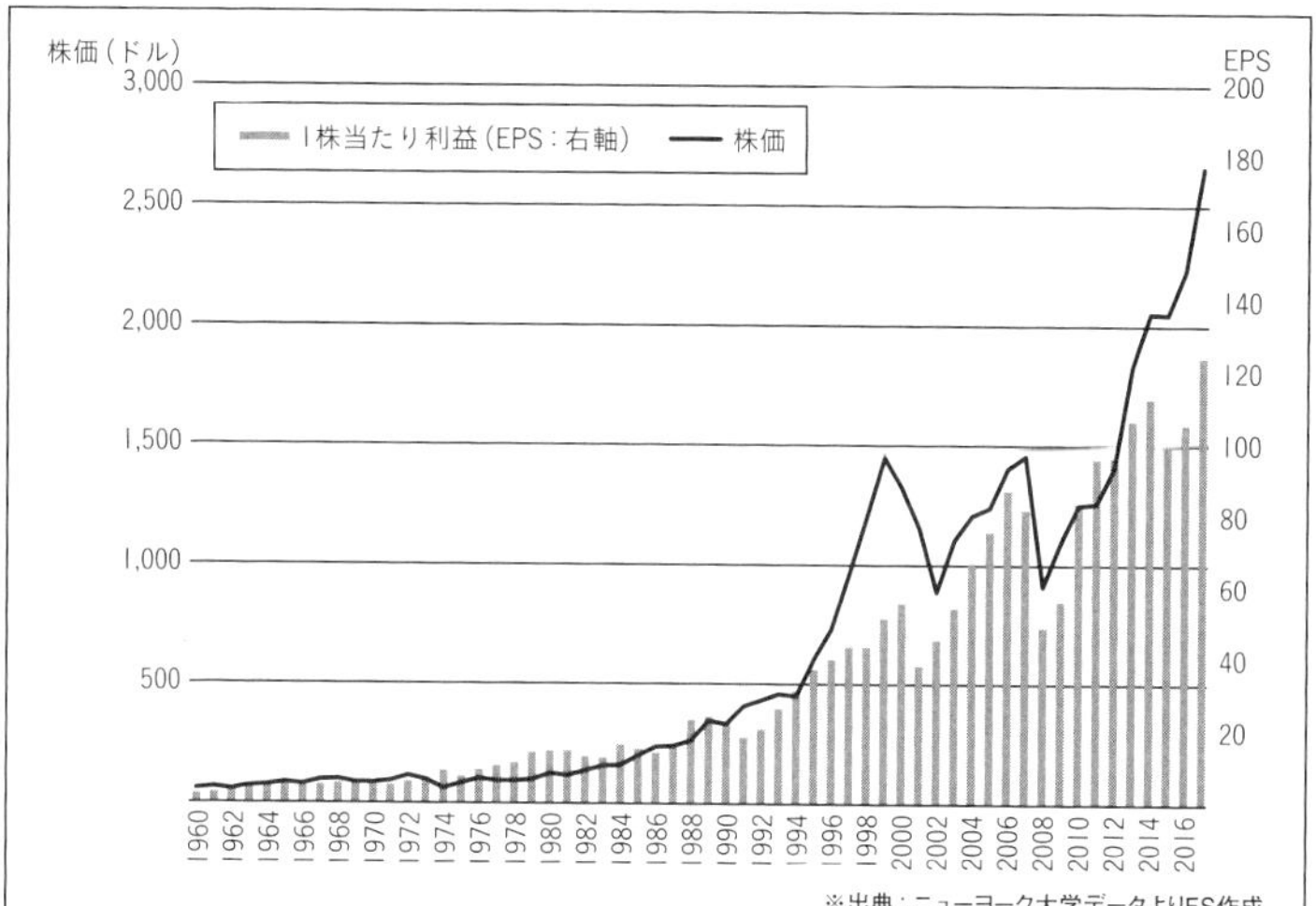

※出典：ニューヨーク大学データよりFS作成

くなったりと変動することで、株価も上昇・下落を繰り返します。

その一方で、株価は長期的には、企業の利益成長と配当の積み増しで決まります。企業の一株あたり利益は増益・減益を繰り返しながら上昇していきます。利益が積み増されると企業の純資産も増え、株価も上昇していくのです。

債券も世界に分散して長期保有すれば、期待リターンがプラスの資産です。債券のリターンは金利です。長期保有すれば、満期に元本（額面金額）が戻ってくる（一〇〇で購入した債券が一〇〇で償還される）だけなので、リターンは金利というわけです。

世界の大企業の債券に分散して長期保有すれば、倒産して「紙切れ」になってしまう債券も一部出てきますが、**全体では金利の受け取り収入の合計が「紙切れ」になった債券のマイナスを埋めてプラスになります。**だから債券の期待リターンはプラスになるのです。ただし、日本や欧州の国債等で利回りがマイナスの債券が増えていますので、そのような債券に投資するとリターンはマイナスになる可能性がある点には注意が必要です。

この「株式や債券に分散し長期保有すればプラスになる」という考え方を理解しないと、一括投資の長期資産運用はなかなか実現が難しくなります。世界の株式や債券に長期分散投資をすれば、期待リターンはプラスになるという考えをぜひ押さえてください。

運用の世界の「リスク」を理解する

分散投資で重要な視点二つ目は「リスク」です。リスクは日本語に訳すと「危険」ですが、運用の世界では「価格の振れ幅」という意味になります。価格の振れ幅が大きいものを「リスクが高い」、価格の振れ幅が小さいものを「リスクが低い」と言います。期待リターンが高いもの（株式など）はリスク（価格の振れ幅）が高いと覚えてください。

資産運用で必要なリスクの考え方は、**その資産がどの程度価格変動をともなうのかをイメージし、それを許容できるか検討すること**です。リターンだけに着目して、目標設定し資産運用

〈図25：アセットクラス別期待リターンとリスク〉

各資産クラスの期待リターン（長期の成長）と標準偏差（リスク＝価格の振れ幅）

資産クラス	期待リターン（年率）	標準偏差（年率）	最大損失（リスク）の目安（期待リターン−標準偏差×2）
国内株式	6.45%	17.98%	-29.51%
先進国株式	7.25%	20.05%	-32.85%
新興国株式	9.78%	24.32%	-38.86%
国内債券	-0.13%	1.80%	-3.73%
先進国債券	1.44%	9.36%	-17.28%
先進国債券（為替ヘッジ）	0.27%	3.59%	-6.91%
米国HY債券	5.24%	13.79%	-22.34%
米国HY債券（為替ヘッジ）	2.60%	9.50%	-16.40%
新興国債券（米ドル建て）	4.66%	12.11%	-19.56%
新興国債券（為替ヘッジ）	1.96%	8.59%	-15.22%
新興国債券（現地通貨建て）	5.96%	14.10%	-22.24%

※出典：（株）イデア・ファンド・コンサルティング

を開始すると、途中で価格変動に耐えられなくなり、止めてしまいます。必ずリターンとリスクはセットで押さえてください。

図25に各資産の期待リターンをリスクとセットで記載しました。これは**図21**にリスクの欄を加えたものです。

図25と**図26**を使って、国内株式を例にリスクについて説明します。

国内株式の価格変動は期間によって異なります。ある年はプラス七％だったけれど、ある年はマイナス三％だった等、常に一定ではありませんが、長期的には平均的に年率六・四五％くらいのリターンが期待できる。これが「期待リターン」です。

一方、そのリターンを期待するには、価格変動を許容しないといけません。では、国内

〈図26：リスクの考え方〉

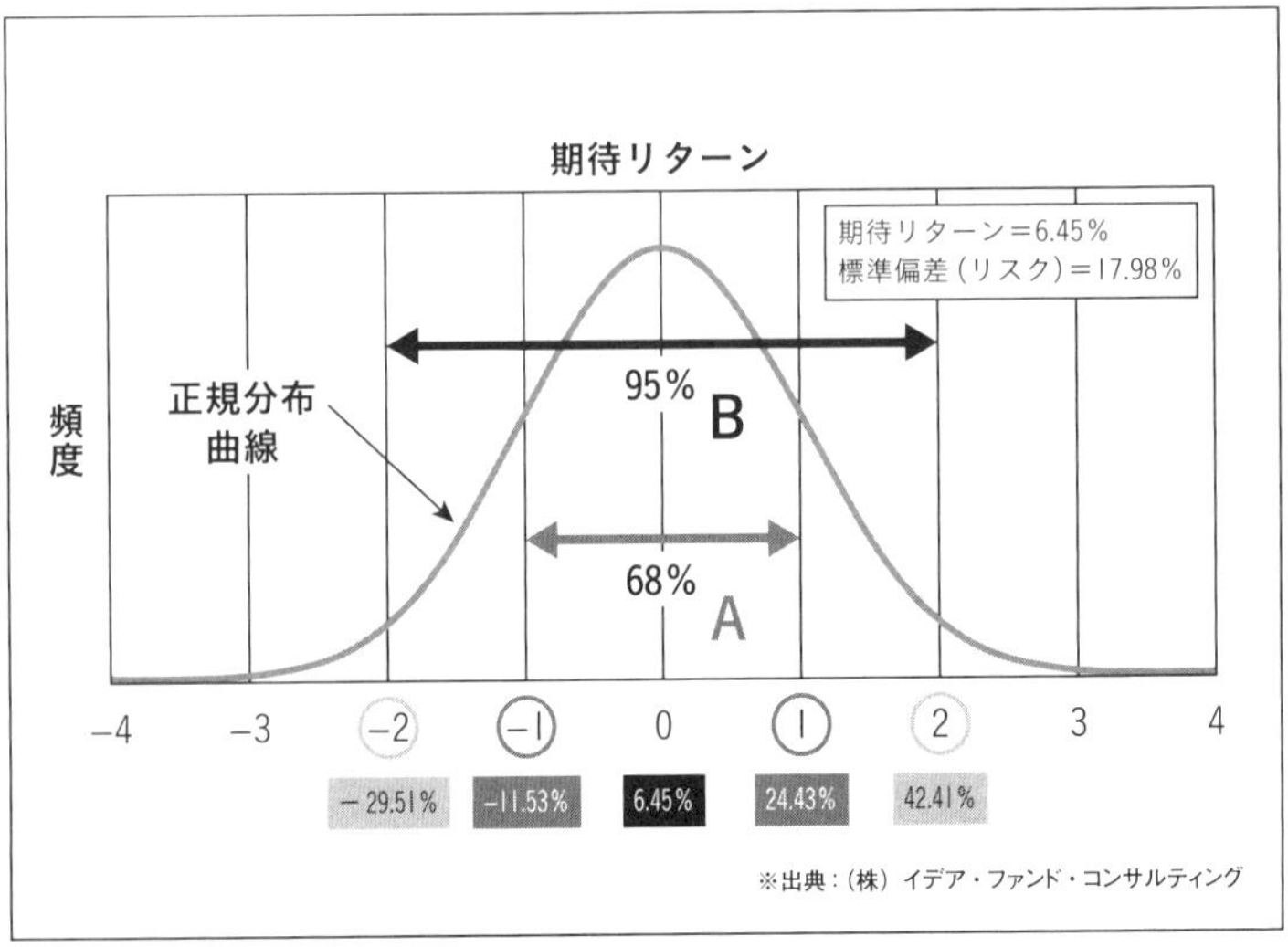

株式はどのくらい価格変動するのか。それを数値化したものがリスク（標準偏差）です。

図26を使って具体的に説明します。まず中央の0のところが期待リターン（六・四五％）です。ここを軸として、両サイドの①〜(-1)の幅でリターンが収まる確率が六八％という意味になります。さらに②〜(-2)の幅でリターンが収まる確率は九五％という意味です。

期待リターンとリスク（標準偏差）を公式に当てはめれば②〜(-2)までの数字が出ます。

公式

A　**約六八％の確率で収まる範囲（①〜(-1)）**

①＝期待リターン＋リスク（標準偏差）

(-1)＝期待リターン−リスク（標準偏差）

B　**約九五％の確率で収まる範囲（②〜-②）**

②＝期待リターン＋リスク（標準偏差）×二

-②＝期待リターン－リスク（標準偏差）×二

なぜ六八％、九五％なのかという話は、数学の知識も必要なので本書では省略しますが、通常はAの幅で収まるけど、時にはBの幅で価格が振れるという意味です。

図25を見ると、国内株式の場合、期待リターンが六・四五％で、リスク（標準偏差）が一七・九八％ですから、これを公式に当てはめると次のようになります。

A
①＝六・四五＋一七・九八＝二四・四三％
-①＝六・四五－一七・九八＝－一一・五三％

B
②＝六・四五＋一七・九八×二＝四二・四一％
-②＝六・四五－一七・九八×二＝－二九・五一％

ここで何を理解しないといけないかというと、国内株式で長期的に年率六・四五％のリターンを期待しようとすると、年間に価格がプラス二四％からマイナス一二％変動することを許容しないといけないということです。さらに言うと、確率は低いですが、年間に九五％の確率で価格がプラス四二％からマイナス三〇％の幅で変動することもあるという意味になります。

㊁は滅多に起こりませんが、一〇〇年に一度の危機等が起こるとそのくらい下落する可能性があるということになります。**図25**には最大下落の目安として㊁の数値が記載されています。

このような説明をすると、かなり価格変動することが見えるので、「危険だな」と感じる人も多いと思います。それぞれの資産を単独で保有すると確かにそのくらい価格が振れます。個人の資産運用で、価格が五〇％も下落して耐えられる人はほとんどいません。

ただ、株式はそれくらい下落することもありますが、債券等、他の投資先の値動きはもっと穏やかです。そこで、分散投資することでリスクを下げる方法を考えます。そのときに重要になるのが、次に説明する「相関性」です。

値下がりのときに値上がりする資産を「セットで買う」

分散投資をする意味は、リターンとリスクそれぞれに着目する考え方があります。

①リターンに着目する考え方

先ほど説明したように、一九九〇年以降の日本株は長期低迷しましたが、アメリカの株式市場は大きく上昇しました。日本株のみ保有していたらリターンがマイナスになりましたが、アメリカの株式も同時に分散して保有することでリターンを確保できました。これがリターンに着目した分散効果の例です。

②リスクに着目する考え方

リスクに着目する考え方とは、リスク（価格の振れ幅）を抑えるための分散効果のことです。長期資産運用では、価格が大きく振れると怖くなり、継続保有できなくなりますから、価格変動を抑えることは重要です。

では、どうすれば価格変動を抑えられるのか。**相関性が低い資産、相関性が逆の資産を組み合わせると価格変動を抑えられます。**極端なことを言うと、完全に逆に動く資産を同比率で保有するとリスク（価格の振れ幅）はゼロになります。

例えば、一〇％上昇した資産と一〇％下落した資産を一：一で保有していたら、リスク（価格の振れ幅）はゼロになるということです。

それぞれの資産の価格変動の関係性を「相関性」と言いますが、相関係数はプラス1からマ

〈図27：相関係数とその効果〉

相関係数	効果	コメント
プラス1	なし	避けたい
プラス0.5	☆	海外株と国内株など相関性が高まらざるを得ない資産もある
0	☆☆☆	トータルの期待リターンに問題なければ組み入れたい
マイナス0.5	☆☆☆☆	トータルの期待リターンに問題なければぜひ組み入れたい
マイナス1	☆☆☆☆☆	実際は見つからない

イナス1までで表します（図27）。プラス1は完全に同じ値動きをします。マイナス1は完全に逆に価格が動きます。0は価格の動き方が無関係です。

実際には、プラス1やマイナス1にはなりませんが、プラス1に近いもの同士を組み合わせると同じような動きをするので、リスク（価格の振れ幅）を抑える分散効果は期待できません。プラス同士でもできるだけゼロに近いもの同士、またはマイナス同士を組み合わせることが理想です。ゼロ近辺かマイナスのものを組み合わせると効果がかなり期待できます。

分散投資でやりがちなミス

分散投資は相関性を見つつ、互いに異なる値動きをする資産を組み入れることが重要です。ここで、相関性を見るときに注意したいことをご説明します。

①相関性が低くても、リターンを確保できないと長期的には資産は増えない

相関係数がゼロやマイナスのもの同士を組み合わせれば、価格の振れ幅は抑えられ安心はできますが、長期的にはリターンがあるかどうかも重要です。様々な資産を組み合わせたポートフォリオが目標リターンを確保できるかもチェックしましょう。

②時期によって異なる

A資産とB資産の相関係数は、時期によって異なることも意識する必要があります。普段は相関係数がマイナスでも、ある時期を見るとプラス1に近づくようなこともあります。

重要なことは、それぞれの資産が本来、相関性が高いものなのか、低いものなのかを考える

ことです。

例えば、平常時には株式と債券は相関性が低いと言われます。市場リスクが高まるとリスク性資産の株式は売られ、安全性の高い資産に資金はシフトします。アメリカなど先進国の国債等に資金が流れるため、株式が売られ、債券が上昇するという逆相関になりやすいです。このように、本来それぞれの資産の相関性はどうなのかを考えます。

以上、期待リターン、リスク、相関性の三つの視点を解説してきました。**これら三つを意識して組み合わせを考えることが、分散投資（ポートフォリオ運用）**です。

GPIFを見ればわかる分散投資のコツ

ここで一つ具体例として、世界最大の機関投資家と呼ばれる、日本の公的年金の積立金を管理・運用しているGPIFを見てみます。

GPIFの運用を通して一括投資を説明していきます。GPIFの正式名称は年金積立金管理運用独立行政法人と言います。略称はGPIF（Government Pension Investment Fund）です。

日本の年金制度は賦課方式です。高齢世代の年金給付の財源として、現役世代が納付した年

〈図28：GPIFの賦課方式と積立金の役割〉

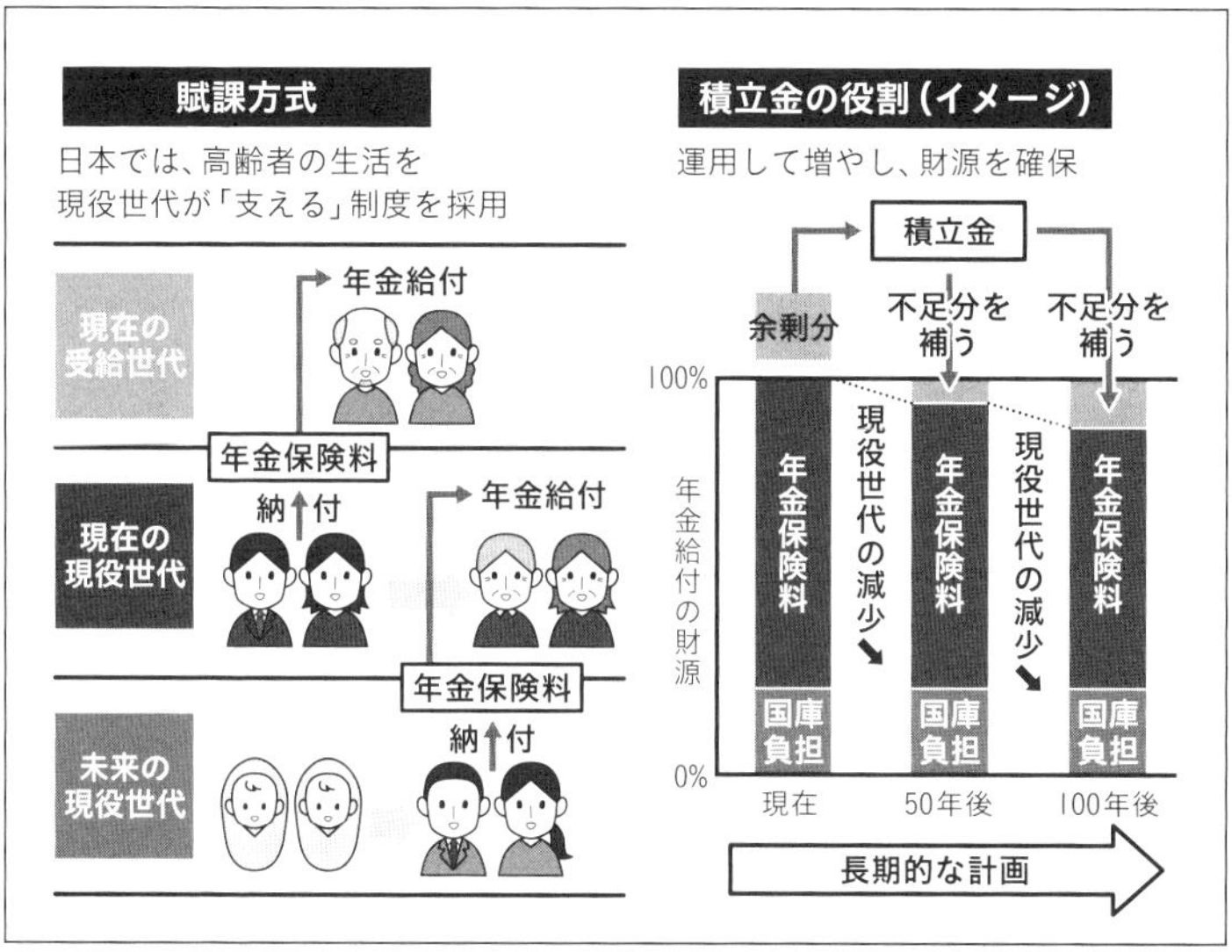

金保険料と国庫負担で支えています**（図28）**。

将来、現役世代の人口減少や高齢化で、**現役世代が納付した年金保険料と国庫負担で支えきれなくなったときのために、過去に集めた保険料（積立金）を運用し、年金の財源となるように計画**されています。今後に備えて、手元の資金を運用しているのです。

これは、個人の資産運用にも当てはまる状況です。そういう意味でもGPIFの運用は参考になると思います。

GPIFの運用総額は一五九兆円（二〇一九年三月末時点）です。二〇〇一年の運用開始からの累積収益は六五兆円を超えています。実質的な運用利回り（名目賃金上

〈図29：GPIFの運用実績〉

（単位：%）

年度		2001	2002	2003	2004	2005	2006	2007	2008
実績	名目運用利回り（借入金利息及び運用手数料等控除後）	-4.01	-6.69	7.61	2.91	9.57	3.52	-4.69	-7.61
	名目賃金上昇率	-0.27	-1.15	-0.27	-0.20	-0.17	0.01	-0.07	-0.26
	実質的な運用利回り	-3.75	-5.61	7.90	3.11	9.76	3.51	-4.63	-7.37

2009	2010	2011	2012	2013	2014	2015	2016	2017	2018	直近13年間（年率）	18年間（年率）
7.88	-0.27	2.29	10.21	8.62	12.24	-3.84	5.82	6.86	1.49	3.10	2.70
-4.06	0.68	-0.21	0.21	0.13	0.99	0.50	0.03	0.41	0.95	-0.06	-0.16
12.44	-0.95	2.51	9.98	8.48	11.14	-4.31	5.79	6.43	0.54	3.17	2.87

※出典：GPIF

昇率を差し引いた後の数字）は年率二・八七％です**（図29）**。

ＧＰＩＦの運用目標は、名目賃金上昇率を引いて長期的に年率一・七％を最低限のリスクで確保することとされています。例えば、賃金の上昇率が〇・三％であれば年率二・〇％以上の運用益を長期的に目指すということです。ですから現時点では、目標を大きくクリアしていることになります。

基本ポートフォリオは、**第2章に掲載した図10（P89）**の通りで、国内外の株式に五〇％投資しています。基本ポートフォリオ（組合せ）はかなりシンプルだと思いますが、巨額な金額を運用し、成果を出しています。個人投資家は完全に同じようにはできません（運用コストが巨大機関投資家のため安い

〈図30：GPIFの運用実績〉

2014年9月以前

	国内債券	国内株式	外国債券	外国株式	短期資産
資産構成割合	60%	12%	11%	12%	5%

2014年10月以後

	国内債券	国内株式	外国債券	外国株式
資産構成割合	35%	25%	15%	25%

※出典：GPIF

等）が、参考にはなると思います。

また、基本ポートフォリオは環境変化等で見直しも必要です。ＧＰＩＦでは、デフレ脱却や物価・賃金上昇などの可能性の中で、従来の国内債券中心のポートフォリオでは必要な運用利回り達成は難しいと考え、二〇一四年一〇月以降、基本ポートフォリオを**図30**のように変更しています。

個人の資産運用でも、時には環境変化に対応し、基本ポートフォリオを見直すことが必要です。

図31の相関係数を見ていただくと、国内債券が他の資産に対してマイナスになっており、リスクの視点での分散効果が出ています。

一方、国内株式と外国株式は相関性が非常に高くなっていることもわかります。ただ、

〈図31：GPIFの相関係数〉

2018年度検証時

相関係数	国内債券	国内株式	外国債券	外国株式	賃金上昇率
国内債券	1.00	—	—	—	—
国内株式	−0.16	1.00	—	—	—
外国債券	−0.26	0.14	1.00	—	—
外国株式	−0.33	0.79	0.52	1.00	—
賃金上昇率	−0.12	0.18	−0.06	0.05	1.00

※出典：GPIF

この二つの資産はリターンの点で言うと貢献しているので、リスク（価格の振れ幅）を許容できるのであれば悪いわけではありません。

いかがでしょうか。期待リターン、リスク、相関性の三つの視点から見ても、ＧＰＩＦの運用は目標に対して順調であることがわかると思います。自身の資産運用について考える際にも参考にしてください。

分散投資が難しい日本人におすすめの「ひと工夫」

一括投資はここまで説明してきたように、国内外の株式、債券に、自身の目標や許容リスクに合わせて分散投資をすることが基本です。この考え方で長期的には十分成果が期待

〈図32：リーマンショック時の資産分散の効果〉

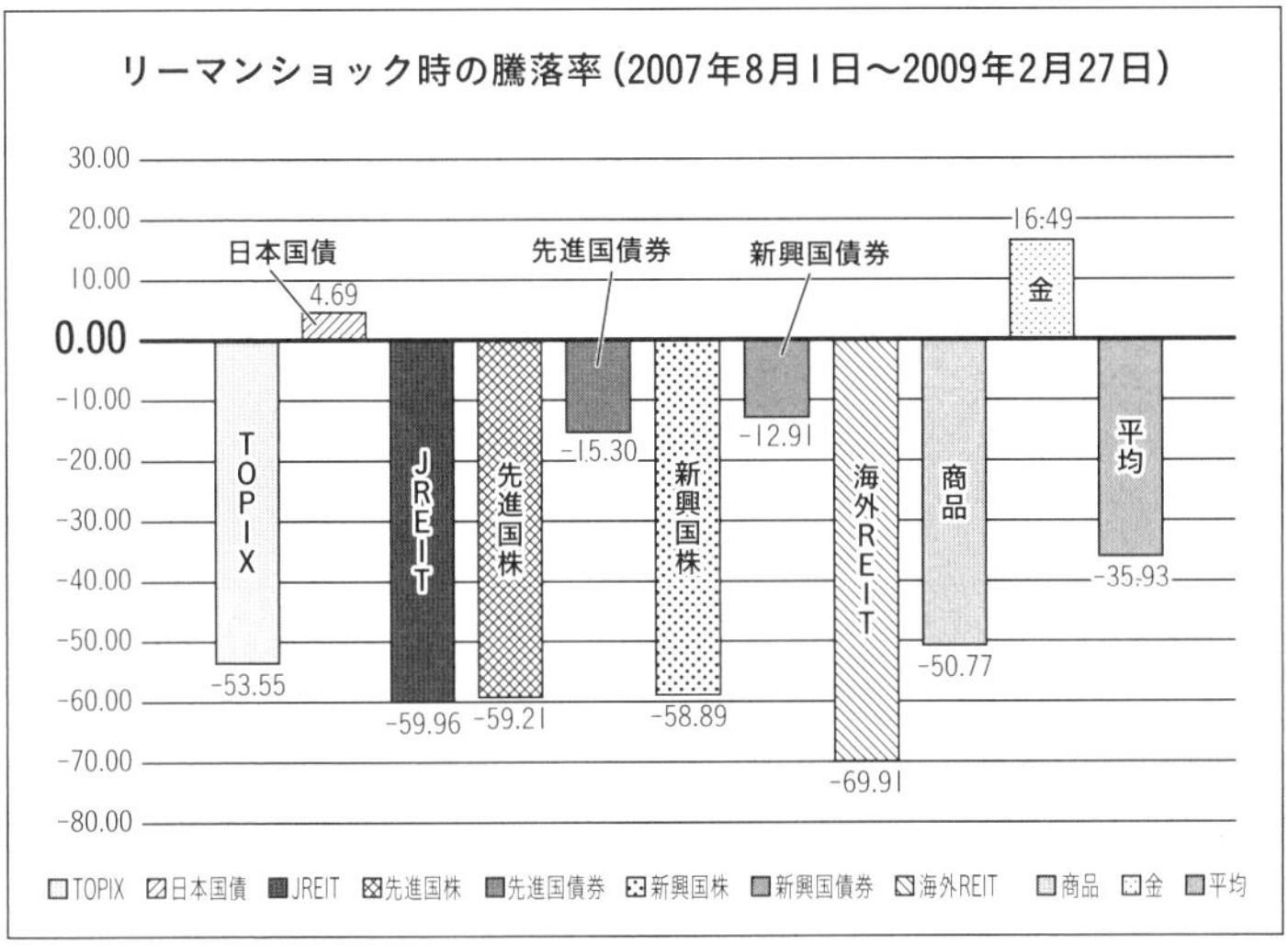

できますが、ここからは応用編です。初心者の方は、本項目と次のオルタナティブ運用手法の項目は飛ばしていただいても大丈夫です。

詳しい方の中には、「国内外の株式・債券への単純な分散では、問題もあるのではないか？」と思う人も少なくないでしょう。例えば、一〇年満期の日本国債は金利がほぼゼロ（二〇一九年七月時点ではマイナス〇・一五％）です。期待リターンがないのに投資する意味があるのでしょうか。確かに国債では厳しそうです。

また、日本人特有の課題として為替の問題があります。**図32**はリーマンショック時の国内外の株式・債券・ＲＥＩＴ（不動産）等の騰落率です。海外の資産は為替損益も加味しています。ご覧の通り、ほとんどの資産が下落していることがわかります。

ここでのポイントは、先進国株式と先進国債券です。

当時、株式市場は確かに大きく下落しましたが、マネーのリスク回避の流れを受け、アメリカ国債やドイツ国債などを中心に資金が集中し、先進国債券は上昇しました。株式は大きく下落、債券は緩やかに上昇ですから、例えば安定型のポートフォリオの人は株式二割、債券八割等の比率で保有すれば、分散効果があったはずです。

しかし、この図では先進国株式も先進国債券も下落しています。これはどういうことでしょうか。原因は為替です。

「何とかショック」のときは、だいたいドル円の為替レートは円高になります。リーマンショック時も円高になりました。

日本から海外に投資をするとき、円高になると為替損が発生します。このときも、先進国株式は価格が下落したうえ、為替でもマイナスが拡大しました。先進国債券は、価格は上昇しましたが、為替が円高になったことで損益はマイナスになりました。つまり、価格が同じ方向に動いて、分散効果が出なかったのです。この現象は、ドルで運用しているアメリカ人にはない日本人特有の課題です。

私たちがおすすめしているのは、**株式と債券だけでなく、オルタナティブ運用をポートフォ**

リオに組み込むことです。オルタナティブとは「代替の」という意味です。何の代わりかというと、株式・債券の代わりという意味です。

運用の世界では、株式と債券のことを伝統的資産と呼びます。それ以外の資産のことを総称してオルタナティブと言います。具体的には、実物不動産や非上場株式、インフラ投資、ヘッジファンドなどです。

実物不動産や非上場株式、インフラ投資は分散されていなかったり、個人にとっては金額が大きすぎたりしますので、ここではヘッジファンド戦略について触れたいと思います。

ヘッジファンドと聞いて、「ハゲタカファンド」のようなことを連想する人は日本では少なくないと思います。ヘッジファンドにはさまざまな運用戦略があり、それぞれメリット、デメリットが異なります。「Aという戦略はこの市場環境に強いが、別の市場環境には弱い」といった具合にメリットとデメリットが存在するのです。ただ、長期的にはリターンを確保することを目的にしています。

オルタナティブ戦略は、株式や債券と異なる価格の動きをするものが多く（相関性が低い）、分散効果が期待できます。

しかし、種類も多く、ファンドマネージャーの手腕に依存しすぎたものもあるので、専門家でない人が見極めることはなかなか難しい世界でもあります。日本では、公募投資信託（金融

〈図33：株式ロング・ショート戦略〉

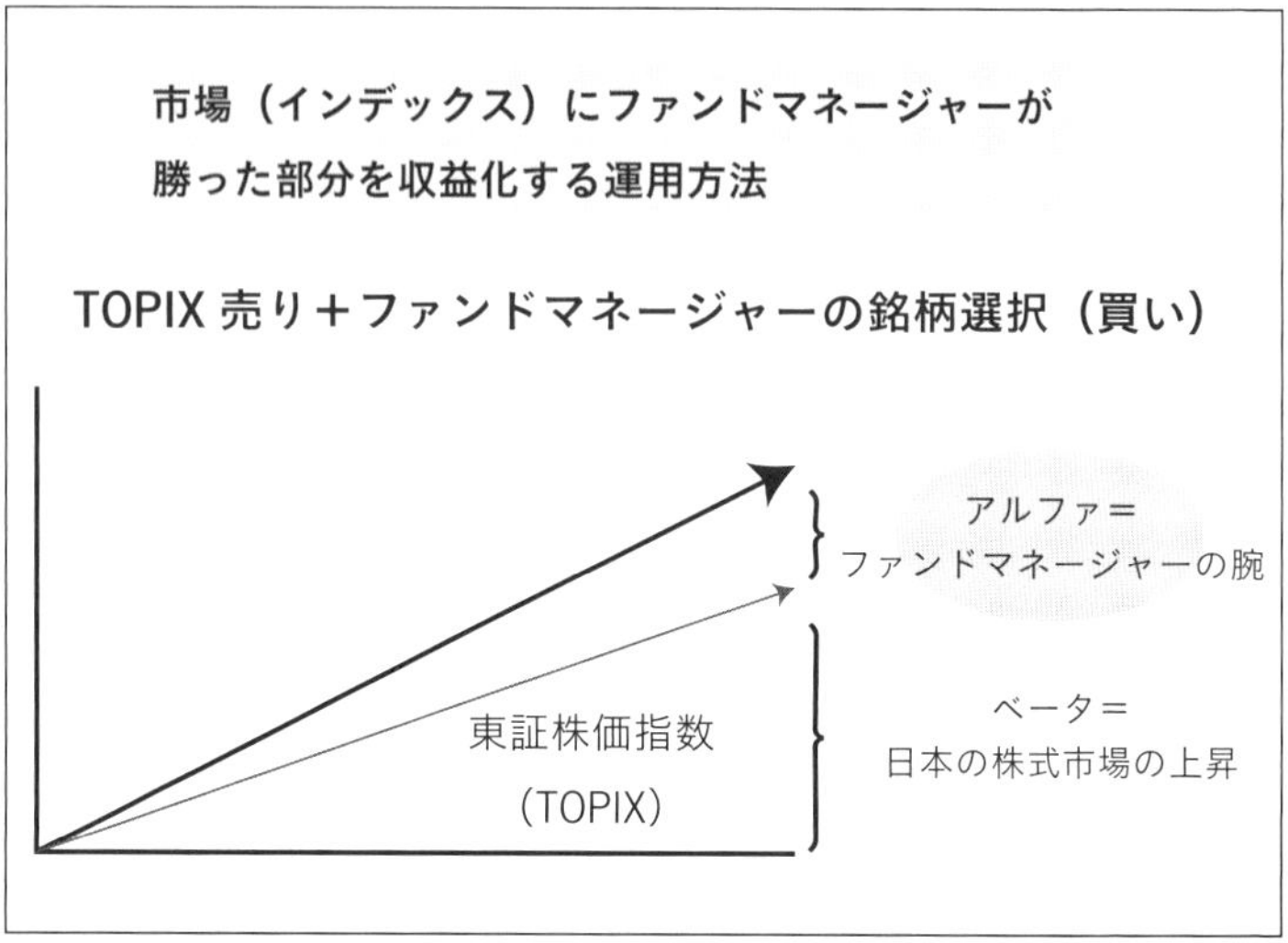

機関等で公に販売されている投資信託）でオルタナティブ戦略は取扱本数が非常に少ないのが現状です。

「おいしいとこ取り」のロング・ショート戦略

オルタナティブ戦略の一例として「株式ロング・ショート戦略」をご紹介します。

ある日本株で運用する投資信託（ファンドマネージャーが運用するアクティブファンド）が、一年間で二〇％上昇したとします**（図33の太い矢印）**。そのときに、「二〇％上昇した要因は何ですか？」と聞かれたら、どう答えれば良いでしょうか？

一言で言うと、「日本の株式市場が上昇したから」です。日本の株式市場がもし二〇％

下落していたら、二〇%のリターンはなかったはずです。
ただ、「日本の株式市場が上昇したから」だけではありません。リターンにはファンドマネージャーの「手腕」が反映されています。

図33の東証株価指数（TOPIX）の上昇の線（細い矢印）は二〇%に到達していません。東証株価指数以上に上昇したことで、二〇%のリターンに達しているのです。その部分の要因は、ファンドマネージャーの手腕=ファンドマネージャーの銘柄を選ぶ力です。

東証株価指数と完全に同じ銘柄を同じ比率で組み入れていたら結果も同じですが、ファンドマネージャーが東証株価指数の構成とは異なる銘柄選び、組入れを実行したことで、東証株価指数プラスアルファの成果が出ました。

運用の世界では、東証株価指数のような指数（インデックス）をベータと呼び、それ以上の超過リターン部分をアルファと呼びます。まさにアルファとは、ファンドマネージャーの手腕なのです。

この図を見て思うことは、「結局、損益の大半の原因は市場の動きではないか？」ということです。市場の動きは「神のみぞ知る世界」ですから、相場を予想できなければ、運用成果をあげられない、となってしまいそうです。

ただ、運用のプロの中にはまったく別の考え方をする人が出てきます。

「市場予想はプロでも難しい。しかし、プロのファンドマネージャーの銘柄を選ぶ力は、長期的には市場平均（東証株価指数など）に勝るのではないか。だとしたら、そのファンドマネージャーの手腕の部分（アルファ）だけ切り離した運用ができれば良い」

こう考える人が現れるのです。

そんなことができるのかという話ですが、実は簡単にできます。**図33**のアルファだけ切り取るには、ファンドマネージャーが銘柄を選んで株式を買うと同時に、東証株価指数を先物取引で売建てるのです。

売建てとは、価格が下がったら利益、上がったら損失と通常の株式取引とは逆の損益になる取引です。要は株式を「買い」と「売り」を同時に入れて価格を相殺させます。

まったく同じ銘柄を売り買い同時に行うと、損益はプラスマイナス〇になります。ですが、買いが二〇％上昇して、売建てが一七％上昇したとしたら、損益は買いが二〇％上昇、売建てはマイナス一七％で二〇－一七＝プラス三％のリターンになります。

運用の世界では買いのことを「ロング」、売りのことを「ショート」と言うので、**売り買い同時に行う戦略を「ロング・ショート戦略」**と呼びます。このロング・ショート戦略は市場の影響を受けないため、マーケットに中立ということで「マーケット・ニュートラル」とも言われます。

例えば、ファンドマネージャーが買っている銘柄が一五%下落し、市場（東証株価指数）が二〇%下落したとしましょう。このとき、ロング・ショート戦略の損益は買いがマイナス一五%で売建てがプラス二〇%になります（売建ては価格が下がるとプラスになるため）。差し引きするとプラス五%です。要はファンドマネージャーが買っている銘柄が、市場（東証株価指数）より勝った分だけがプラスになります。

逆もしかりで、ファンドマネージャーが買っている銘柄が一五%上昇したとき、売建てた東証株価指数が二〇%上昇すると、ロング・ショート戦略の損益は買いがプラス一五%、売建てがマイナス二〇%となり差し引きマイナス五%です。**必ずしも良い結果になるとは限りませんが、リターンの源泉が市場と関係なく、株式との相関係数が低く（または逆に）なります。**

ロング・ショート戦略はファンドマネージャーの銘柄選択効果を収益機会にする戦略ですが、それ以外の戦略もあります。例えば、長期的には、大型株と小型株では、期待リターンが小型株のほうが高いと判断できるなら、小型株ロング・大型株ショートのポジションを取ることでリターンを目指すという方法もあります。

株式ロング・ショート戦略の一例を紹介します。

図34の投資信託Aは、株式ロング・ショート戦略です。東証株価指数が二〇一五〜二〇一六

〈図34：ロング・ショート戦略の例①〉

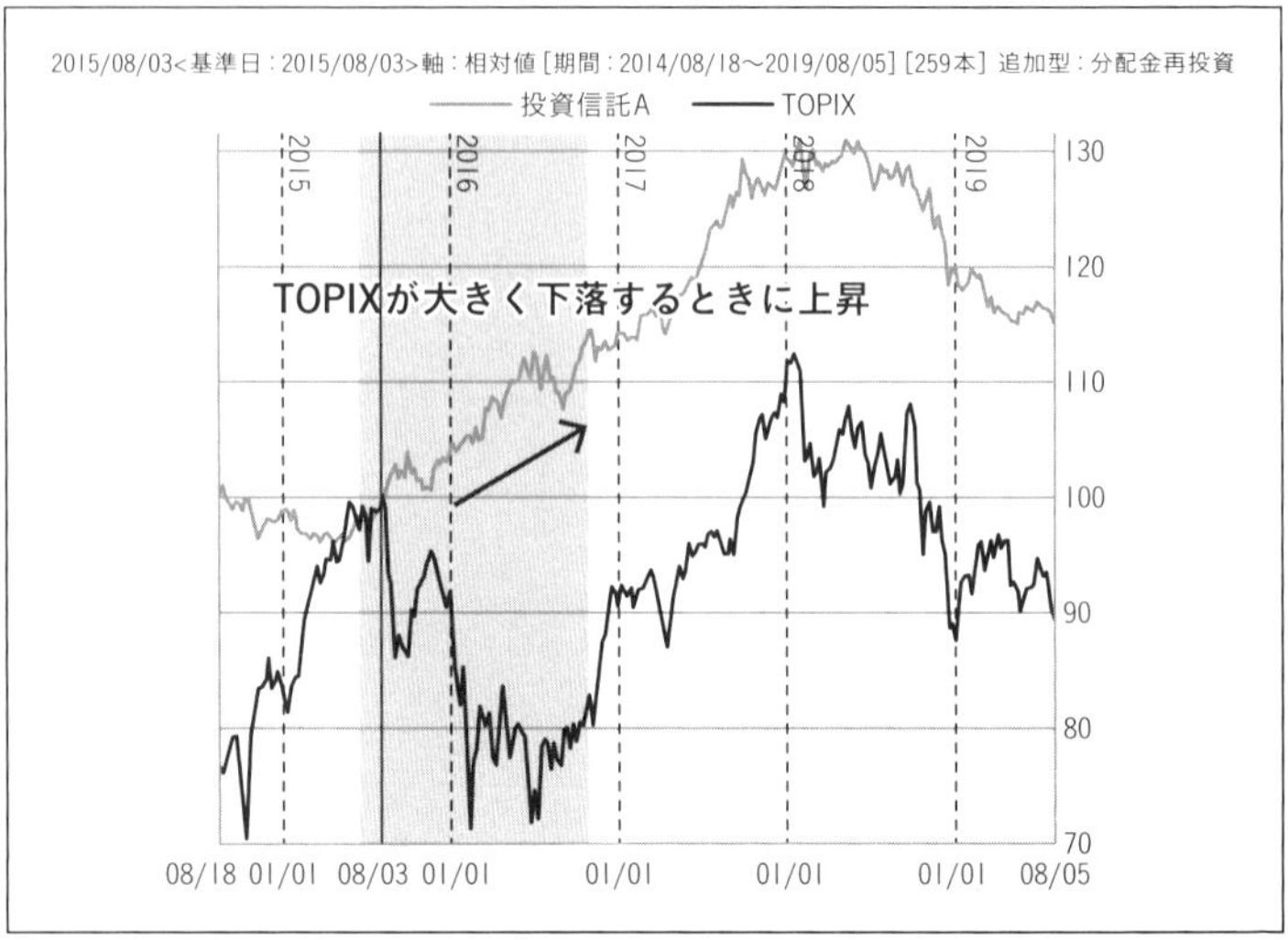

年に大きく下落しているときに、上昇していることがわかります。一方、二〇一八年以降は東証株価指数より下落幅は抑えられていますが、同じように下落しています。あくまでもリターンの源泉が「ファンドマネージャーの手腕」なので、株式とは違う動きをします。

続いて、この**図35**は先ほどのロング・ショート戦略の投資信託A：二五％、海外株式（為替ヘッジつき）の投資信託B：二五％、国内債券の投資信託C：五〇％を組み合わせた合成チャートです。

ご覧の通り、日本の株式市場が大きく上下する中で、比較的安定的に推移していることがわかります。

このように、**株式と債券にオルタナティブ戦略を加えるとより分散効果が出ます。**海外

〈図35：ロング・ショート戦略の例②〉

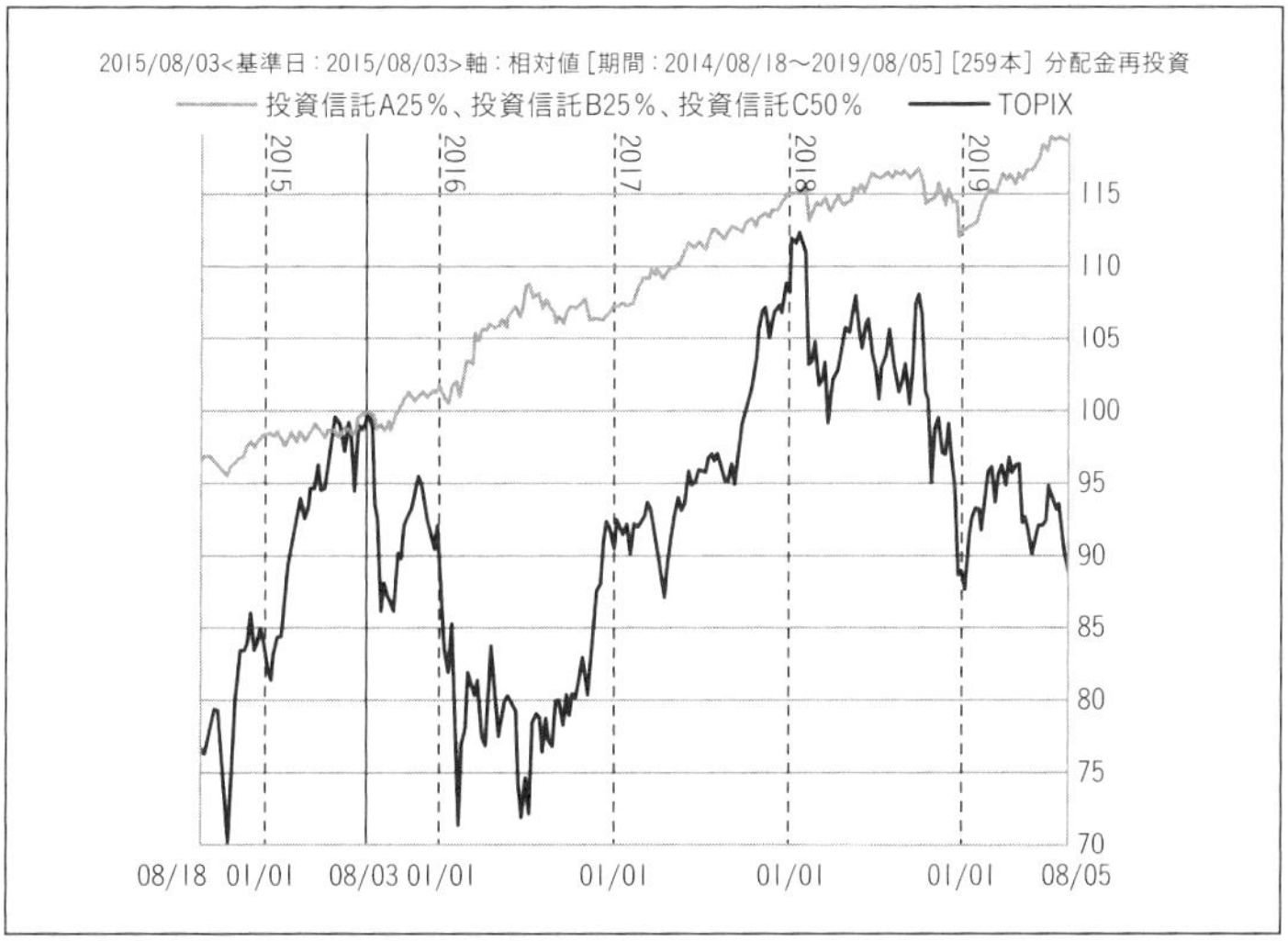

の年金基金や大学の財団など機関投資家は、株式・債券・オルタナティブ運用を組み合わせることが常識のようになっています。日本ではオルタナティブ投資のファンドが少ないですが、今後広まると考えています。

ファイナンシャルアドバイザーの活用をおすすめするワケ

ここまでプランニングの考え方や長期運用の手法（積立、一括）をお伝えしてきましたが、ファイナンシャルアドバイザーを付ける価値についても説明します。資産運用の手法は、これまで説明してきたように、次のようなプロセスをたどります。

・自身の（今後も含めた）収支、資産の全体像を把握する。
・自身のライフプランやライフスタイルに合わせて、リスク許容できる範囲で目標を設定する。
・積立や一括投資の手法を活用し、運用計画を立てる。
・つみたてＮＩＳＡやｉＤｅＣｏなど税優遇の制度も活用する。
・金融商品を選び、分散効果が出るよう組み合わせ（ポートフォリオ）も考える。
・口座開設し、金融商品を購入する（実行）。
・メンテナンスをする。税優遇制度など情報のアップデート、運用の分析・評価、リバランス、ファンド入れ換え、自身の環境変化と運用戦略の見直し等。
・資産運用と同時に保険や不動産をどうするかも考える。

ざっと挙げてもこれくらいあります。かなり大変なプロセスに感じるかもしれません。

これらのプロセスを、部分的に理解し実行することはできても、すべてを自分だけで行うことはなかなか難しいのではないでしょうか。

一般の人からすると、専門的なことも多く、勉強しようと思うと時間もかかりますし、大変です。長期にわたる資産運用なので、結果までの時間も要します。面白くワクワクするものでもありませんから、途中で止めてしまう人も多いです。

そうであれば、専門的な見地を持った相手に相談することも一つの方法です。**プランニングを立て、実行支援してくれて、その後も相談したいときに継続的に相談できる**ファイナンシャルアドバイザーは、多くの人にとって必要な存在になれると確信しています。私が考えるファイナンシャルアドバイザーの価値＝アドバイザーズバリューは、次の二つです。

①プランニング

説明してきた通り、その人の状況を把握したうえで、専門的な見地を持ってプランニングを立てることが、まず考えうるアドバイザーとしての付加価値です。人はさまざまな背景や価値観、運用などに対する先入観などを持っています。健在化したニーズだけでなく、潜在的なニーズを引き出し、投資理論に合わせてプランニングを行うことは決して簡単ではありません。プランニングなき資産運用は、地図を持たない放浪になりかねません。

②コーチング

プランニングが重要なことは理解されやすいと思いますが、プランニングと同じくらい重要なことがコーチングです。長期の資産運用で「やらなければならないこと」はプランニングを

〈図36：アドバイザーズバリュー〉

Planning

お客様と「ゴール」を共有。

「将来発生する支払い」を考慮したゴール設定。
FSカルテを元にキャッシュフローシミュレーションやバランスシートを作成し、お客様のパーソナルゴールを共有する。

Behavioral Coaching

非合理的な投資行動をとらないためのコーチング。

投資家は市場リスクが高まった時、
①目線は10年後でなく10分後になる。
　→目線を遠くに戻す。
②リスク許容度は極端に小さくなる。
　→平常時に戻す。

下落相場でも上昇相場でも運用を止めてしまう

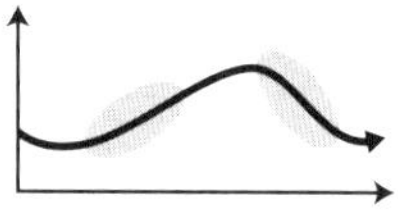

立てることですが、「やってはいけないこと」もあります。それは「非合理的な行動」です。

長期資産運用を本当に自分のものにするには、一〇年かかります。しかし、多くの人は一〇年経たずして途中で止めてしまいます。「人は合理的なことを求めているけれど、実際は非合理的なことをしてしまう」

これは人間の真理です。そして、運用の世界はその人間の真理が最も色濃く出る世界です。

例えば、積立投資。先ほど説明したように、積立は一〇年、二〇年、三〇年と長期的に行うものです。しかし途中で止めてしまう人が非常に多い。相場が上がったら利益確定で、下がったら怖くなって、いずれにしても止めてしまいます。

一〇年以上の計画でスタートし、三年間ずっと相場が低迷すれば、積立の場合は量が買えるからラッキーとなるはずです。しかし、人は悪いニュースが出ると目線は長期から短期に、リスク許容度も極端に小さくなります。

悪いニュースが出て運用を止めることは、短期的にはその時点での損失を回避できるので合理的ですが、長期的には非合理的です。量を買えるチャンスを逃しているからです。目線が短期になり、非合理的行動を実行してしまいます。

そんなとき、**「運用を止めることをやめましょう」とアドバイスするのがアドバイザーの仕事**です。「止めることをやめましょう」なんて価値がなさそうに聞こえますが、長期的な機会損失を防ぐという意味では極めて価値のある行為です。

「安く買って高く売る」が一人では難しい理由

世界一の資産運用大国アメリカでは、「非合理的行動」を研究する行動経済学をアドバイスに活かす研究が進んでいます。また、アドバイザーの価値の研究もされており、アドバイザーの価値を数値化した資料もあります。アドバイザーが受け取るフィー（残高に対して発生する

手数料）は何の対価なのかという議論が進んで、資料ではアドバイザーの価値が細分化されています。その価値項目を見ると、

・コスト抑制の助言
・ポートフォリオ構築
・ファイナンシャルプランニング
・取り崩し計画
・リバランス
・行動コーチング
・アセット・ロケーション（税優遇口座の活用等）

など、さまざまです。項目によっては、手数料を受け取るほどの価値がないと見なされている項目もあります。例えば、コスト抑制の助言はすでに周知されていることで、価値があまりないとされています。

一方、価値があると見なされているのは、ファイナンシャルプランニング（ポートフォリオ構築含む）と投資行動のコーチングです。この二つで二〜三％の価値があるとされています。

実際にアメリカのアドバイザーは、顧客から残高に対して年間に約一％のフィーを受け取るケースが多いですが（顧客の残高が大きいとフィー率は下がる）、それは**プランニングとコーチングによって顧客の長期的な資産拡大と機会損失を防ぐことができる**からです。

機会損失を回避することの価値はあまり言われませんが、非常に大きなものです。何度か登場しましたが、アメリカの株式市場全体の動きを表す代表的な株価指数にS＆P５００指数というものがあります。

これは、アメリカのニューヨーク証券取引所やNASDAQなど主要取引所に上場している大型株五〇〇銘柄で構成されています。その五〇〇銘柄の時価総額を指数化したものです。つまり、アメリカの時価総額が大きい大企業の株価を反映させた指数と言えます。

S＆Pダウ・ジョーンズ・インデックス社が作っている指数なのでS＆P５００と冠に社名が付いています。

図37は、このS＆P５００指数の過去二〇年間の年率運用リターンと、それに投資をしていた投資家の平均的な年率リターンの比較です。仮に一九九〇年〜二〇一〇年の二〇年間、S＆P５００に投資をし続けていたら、年率九・一四％で運用できたことになります。

驚異的な数字ですが、実際にこのS＆P５００指数に連動するインデックスファンドに投資をする投資信託を保有していた投資家のリターンは、年率三・八三％でした。年率五％以上の

〈図37：S&P500の運用リターンと投資家リターンの比較〉

多くの投資家はS&P500指数通りのリターンが取れない

	S&P500	投資家リターン	差異
2003	12.98%	3.51%	**-9.47%**
2004	13.20%	3.70%	**-9.50%**
2005	11.90%	3.90%	**-8.00%**
2006	11.80%	4.30%	**-7.50%**
2007	11.81%	4.48%	**-7.33%**
2008	8.35%	1.87%	**-6.48%**
2009	8.20%	3.17%	**-5.03%**
2010	9.14%	3.83%	**-5.31%**
2011	7.81%	3.49%	**-4.32%**
2012	8.21%	4.25%	**-3.96%**
2013	9.22%	5.02%	**-4.20%**
2014	9.85%	5.19%	**-4.66%**
2015	8.19%	4.67%	**-3.52%**

（投資期間20年の年率換算値）　※出典：米国調査会社DALBAR社レポートよりFS作成

乖離です。ものすごい機会損失と言えます。この年だけに限らず、すべての年で機会損失が発生しています。

なぜこのような現象が起こるのでしょうか？　その理由は、「投資家の非合理的行動」です。

株式投資とは、非常にシンプルなもので、株価が低いときに買って、高いときに売れば一番効果が出ます。しかし、これが一番難しいのです。理由ははっきりしています。**「株価と人の気持ちは逆に動く」**からです。

株価が上昇しピークに位置しているときは、良いニュースにあふれているので気持ちは買いたくなります。だから株価が高いときにどんどん買ってしまいます。

一方、株価が低迷しているときは、悪いニ

ュースばかりです。そういうとき、気持ちは買いたくないのでなかなか買えません。むしろ保有している株式を売ってしまいます。気持ちと株価は逆に動くものなのに、気持ち通りに売買したら必ず失敗します。

しかし、難しいことに、人間は誰しも「感情の生き物」です。特に自分のお金になると余計に感情が入ってしまいます。感情を入れてしまうことによって、理屈とは逆の非合理的行動を取ってしまうのです。

あなたが一人で運用しているとして、悪いニュースがあふれ、相場が低迷しているときのことを想像してみてください。自身の口座にログインして評価金額を見るとマイナスになっています。実際に、「景気はますます悪化する」など悪いニュースは増えるばかりです。不安や恐怖から、インターネットで解約ボタンを押してしまいます。

このときに、もしファイナンシャルアドバイザーがいたらどうなるか。正しい理屈でその人に合った運用計画で実行しているなら、解約を必ず止めるでしょう。相場が下がったときは、積立投資なら量を買えますし、一括投資ならポートフォリオの配分がズレるのでリバランスをかけます。いずれも相場が下がったときに株式を買う行為です。

こういったことを継続的に実行していくことが、長期的にお客様の機会損失を防ぎ、大きな成果につながります。その点を理解しているからこそ、アメリカの投資家は、「一％の手数料を支払ったほうが、自分で売買をしてリターンが減ってしまうよりも結果的に多くのリターンが残る」と考え、アドバイザーに一％の手数料を払っているのです。

アドバイザーの価値はプランニングとコーチングです。この二つが揃って初めてお客様の長期資産運用に貢献できますし、お客様も「アドバイザーを付けて良かった」と思えるのです。

第 4 章

アドバイザーがこっそり教える「資産運用の基本」

前半では、資産運用の基本となる「プランニングの考え方」から「長期運用の手法」についてお伝えしてきました。

この基本を踏まえて、後半では資産運用にまつわるさまざまな質問に答えていきたいと思います。

どの質問も、お客様からよく聞かれる質問です。できる限りわかりやすく「答え」を書きました。質問は、**基礎知識（長期投資、長期運用、投資信託、不動産、保険、アドバイザー）**、**プランニング**、**運用（実行）**と、ジャンルごとに順を追って掲載しています。

前半と重複する内容もありますので、知っている知識は飛ばしていただきながら、自分が詳しく知りたいと思ったところをしっかりと読んでみてください。ぜひ、漠然と不安に思っていることの解消に、疑問に思っていることの解決に、役立てていただけたら幸いです。

Q 質問1

毎年継続的に利益を出す投資手法はないですか？

A 答え

価格変動は予測するものではなく、付き合っていくものです。毎年利益が出なくとも長期で目標を達成しましょう。

リスクのないところにリターンはない

「定期預金を上回るリターンを『安定』して獲得したい」

誰しもがこれに憧れますし、目指そうとします。しかし、そのような金融商品は存在しません。

自分は安定した商品に投資していると思っている人がいるかもしれませんが、恐らくそれは、隠されたリスクに気付いていないだけです。

資産運用のリターンは、リスクを取って一時的な損失に耐えたことに対する一種の『ご褒美』とも言えますので、ある程度のリターン獲得を目指す以上、一定の価格変動を受け入れる必要があります。

確かに世界を見わたせば、トップクラスのヘッジファンドのように、毎年大きなリターンを稼ぐケースも存在します。しかし、仮にあるヘッジファンドが過去一〇年間高いリターンを稼いだからといって、今年も高いリターンを稼げる保証はどこにもありません。

例えば、ＬＴＣＭ（ロングターム・キャピタル・マネジメント）というヘッジファンドを聞いたことがありますか？

一九九七年にノーベル経済学賞を受賞したマイロン・ショールズとロバート・マートンの二名が参画していた有名なヘッジファンドで、彼らの金融理論を実践して一時期は驚異的なリターンを上げていました。しかし、一九九八年のロシア危機で大きな損失を出し、破綻しました。これは極端な例ですが、世界最高峰の知性が結集し、ある程度の期間にわたり最高のリターンを稼いだとしても、ある日突然、最悪の結果を迎えることもあり得るのです。

定期預金以上のリターン獲得を狙う場合には、多かれ少なかれ不確実性を内包していると考えたほうが無難です。

大暴落を待っていてはダメな理由

資産運用は世界の景気動向に左右されます。景気も株価も似ていますが、「上がる」「下がる」を繰り返します。いつが景気のピークで、いつが景気の底なのか、事前には誰にもわかりません。

定期的にやってくる景気後退を見ていると、次のように考える人も出てきます。

「我慢して景気後退を待ち、数年後に大暴落が来たときに一気に投資をすればいい。その後の景気拡大期には株式などを持ち続け、景気が下がる前に売り抜ければいい」

この考え方は、理屈上は正しいと言えます。景気が上下を繰り返すなら、下落を待って投資を始め、景気拡大期に利益確定すれば儲かります。

しかし、私はその通りに実行できた人をほとんど見たことがありません。なぜなら、人間は非合理的な行動をしてしまうからです。

例えばこのケースでは、**数年に一度の相場の大暴落の際、実際に投資を実行する必要があります**。でも少し考えてみてください。その投資を実行するタイミングでは、テレビや新聞はマイナスの情報で埋め尽くされます。情報を吟味すればするほど投資を始める「合理的な理由」

がないことに気付くはずです。

そうなると、多くの人の気持ちは変わってきます。「もっともっと下がるかも……」。こうして、絶好の安値で投資を開始する機会を失うことになります。

投資を迷っているうちに、やがて相場は底打ちします。ある程度の株価調整（株価下落）が進むと、その後は大きな反発（上昇）を見せます。すると、今度は相場の最安値と比較して「買い時を逃した」と感じてしまい、結局買えずじまいになってしまうケースが増えます。

逆に相場が順調に上昇しているときには、「まだまだ上がりそう」と思って追加の購入をしてしまいます。実際、そのようなときには市場には「買うべき理由」が満ちあふれています。結果的に高値掴みになり、その後の相場下落で大きな含み損を抱えることになります。「言うは易く行うは難し」とは、まさにこのようなことを指しています。

「相場や景気の先読み」をしてはいけない理由

では、どうすればいいのでしょうか？　それは、相場や景気動向を予測することを諦めることです。素人の我々にとって、**相場や景気の波は事前に読むものではなく、上手に付き合っていくべきものなのです。**

定期的に景気後退は訪れます。しかし、その後の株価はどうなっているでしょうか。世界の株式の過去の歴史を振り返れば、タイミングこそバラつきがありますが、いずれも高値を更新しています。

このように書くと、「日経平均株価は高値を更新していないだろう！」という声が聞こえてきそうです。ご指摘の通り、個別の国への集中投資は国別の特殊事情を拾ってしまうことがあります。だからこそ分散投資なのです。

今回の質問は、「毎年利益を出したい」ということでしたが、残念ながら相場と付き合う以上、ダメなときにダメなのは仕方ありません。利益が出ないときには出ません。

しかし、我慢すればまたいずれ利益は出てきます。短期的な結果に振り回されず、長期的に考えることが大切です。

あなたが資産運用をする際の目標が、「二〇年後に一億円の金融資産を保有したい」というものならば、仮に来年損をしても、二〇年後に一億円になっていれば良いわけです。相場と付き合いながら、短期的な損失は我慢をし、長期的なファイナンシャルゴールを達成することが重要なのです。

もちろん、あなたにとって無理な価格変動を受け入れる必要はありません。自分にあった振れ幅を選べば良いのです。そのための方法、工夫はいくらでもあります。本書の各所にそのヒントを載せていますし、遠慮なく当社の門を叩いていただければと思います。

投資信託Q&A　基礎知識（長期投資）

Q 質問2

資産運用を始めて、毎日ドキドキしながらマーケットをチェックしています。面白いけれど疲れます。

A 答え

あなたの資産運用は「クイックマネーの世界」かもしれません。なるべく早く「スローマネーの世界」の住人になりましょう。

資産運用では「ハラハラドキドキしたら負け」

資産運用を行っているのに、常にハラハラドキドキしたり、面白いと感じたら、要注意です。あなたが行っていることは、資産運用ではなく、投機か投資の可能性が高いからです。

第1章でご説明した通り、投機と投資と資産運用はまったく違うものです。

一般的に、この三つの中で最もワクワクして楽しく感じるのは、投機です。投機は相場を予想したり、チャートを分析し、「今が買いだ！」とか「売りだ！」と判断し、短期的な売買を行うことです。

予想が当たって儲かったときは、それはそれは楽しいものです。短期的な売買は、勝つ人と負ける人が出ます。他の投資家を出し抜く知的ゲームですから、アドレナリンが出て、うまくいったときの快感を覚えるとヤミツキになります。

一方で、予想が必ずしも当たるわけではなく、短期売買で損をしたときは、イライラしたり、後悔したりします。そして次こそは儲けようと、また相場やチャートを見て売買を行います。「短期売買の世界」はギャンブル性があるのです。

「短期売買の世界」は勝負の世界です。人を惹きつけ、魅了します。

この世界では、ごく稀に大成功する人がいますが、「勝負の世界」で大成功できるのはほんの一握りの人です。プロの世界ですから、素人が簡単に勝てるはずがないのです。

第1章で「短期売買の世界」のことを「クイックマネーの世界」と呼びましたが、今、このクイックマネーの世界の主役は、急速にＡＩに代わりつつあります。

人は感情的に判断をしてしまいがちであり、相場が下がったら怖くなって、株価が安いときに売ってしまったりもします。

ところが、ＡＩは市場の経験則を冷静に学び、次の取引に活かします。感情は一切入りません。短期売買の世界では、人はＡＩに徐々に勝てなくなっています。**クイックマネーの世界に身を置いていると、多くの人は損を拡大させていきます。**運用をしていて、「面白い」「ワクワクする」などの感情が沸き起こり、アドレナリンが出たら、気をつけてください。投機をしたくて、一部の資金で行っているなら良いのですが、長期的な資産運用を目的としている場合には、一度立ち止まって考える必要があります。

資産運用は「面白くない」ほうがいい

資産運用はそんなに面白くないものなのでしょうか。

一言で言うと、資産運用はまったく面白くありません。スローマネーの世界ですから、時間がかかり、結果は今日明日には出ません。**株価が上がっても下がっても「正しい理屈」で継続するだけですから、つまらないのも当然です。**

一括投資のポートフォリオ運用では、世界中の企業の株式や債券に分散し、長期的な企業の利益成長や配当、債券の利金などを積み上げていく行為です。株式や債券の配分がズレてくると、調整のための売買（リバランス）を丁寧に行います。何とも地味で面倒な作業を繰り返す必要があります。

積立投資では、相場が上がっても下がっても、毎月同じ金額を同じ投資対象に自動的に投資していくだけです。こちらも日々のマーケット動向が気になる人にとっては、つまらないものでしょう。勝ち負けの結果が明日に出るわけではありません。じれったくて、待ちきれないと思った多くの人が、途中で止めてしまうのです。

しかし、スローマネーの世界は勝つか負けるかの世界ではなく、みんなが長期的にハッピーになれる世界でもあります。株式や債券への分散投資は長期的に継続できれば、みんな成功しています。

世界の上場企業は個別には赤字の会社もありますが、全体では毎年利益を出し続けています。上場企業の債券でも、個別には倒産する会社もありますが、利息の積み上げのリターンのほうが勝り、長期的には投資家に利益をもたらしています。

スローマネーの世界は途中で離脱してしまう人があまりに多い一方、資産形成の一番の近道でもあります。だからこそ、アメリカやイギリスではそれを長期的にサポートする私たちアドバイザーが認められるようになってきているのです。

長期的な資産運用を行っていて、「面白くない」「ワクワクしない」「資産運用をしていることを忘れていた」と感じたら、あなたはスローマネーの世界での成功に近づいているはずです。

Q 質問3

若い頃から運用する必要はありますか？

A 答え

資産運用では時間が最大の味方です。一日でも早く始めましょう。

「お金がないから運用をしない」は本当か？

多くの人は「資産運用は資産家だけが余裕ある資金で行うもの」と考えている印象があります。

もちろん、それも間違いではありませんが、それだけが資産運用ではありません。資産運用とは、まだ資産の少ない人が、将来十分な資産を形成するために行うものでもあるからです。

「お金がないから運用をしない」のではなく、「資産を作るために運用を行う」のです。また後述しますが、資産運用にとって最大の味方は「時間」です。

ですから、「若い頃から運用をする必要があるのか？」という質問に対しては、間違いなく

「イエス」と答えます。

早めに運用を始めるほど得られる「大きなメリット」

若い頃から資産運用を始めると、資産運用の感覚を早めに身につけることができます。資産運用には価格変動がつきものですが、**資産運用における価格変動は、「予測」したり、「回避」するものではなく、上手に付き合っていくものです**。資産運用における感覚とは、このことを指しています。

二〇代、三〇代から運用を始めると、だいたい一〇年に一度は大きな景気後退・株価下落に遭遇しますので、何度も景気の波を体験することになります。

例えば、二〇代で大きな景気後退を経験したとしましょう。保有している株式や投資信託の評価額は毎日ぐんぐん下がっていきます。不安になります。

しかし、二〇代のうちに景気サイクルを理解し、価格変動と付き合えるようになれば、一〇年後、二〇年後に大きな市場ショックが仮にあったとしても、どっしり構えることができるようになっていくのです。

それに対して、六〇歳で退職金を手にし、初めて運用をする人の例を考えてみましょう。運用する金額は比較的多額になるので、株価暴落時の評価減も大きくなります。

そうなると、「一〇年持ち続けていれば戻りますよ」と言われても、年齢的に考えてすんなりと納得できないケースが増えます。すでに退職していて、稼いで取り戻すことも難しい状況です。精神的負荷は若い頃よりも大きくなると思います。

もちろん、書籍等を通じて他人の体験を間接的に学ぶことはできますし、学ぶべきです。それでも実体験した人とそうでない人では、腹落ちの度合が大きく変わります。

「圧倒的においしい」長期複利効果を学ぶ

資産運用においては、「時間」を味方につけることが最も大きなメリットになります。

そのことを確認するために、長期複利効果について説明しておきましょう。

ここでは当初一〇〇万円のお金を、五%の利回りで運用した場合の単利と複利の違いを見てみます。計算において税金は考慮していません。

単利の場合は、元本一〇〇万円に対してもらえる利息は一年後五万円です。次の年も元本は一〇〇万円なので、利息は五万円ずつ増えていきます。金利の変化がなかったとすれば、利息

〈図38：単利と複利の比較〉

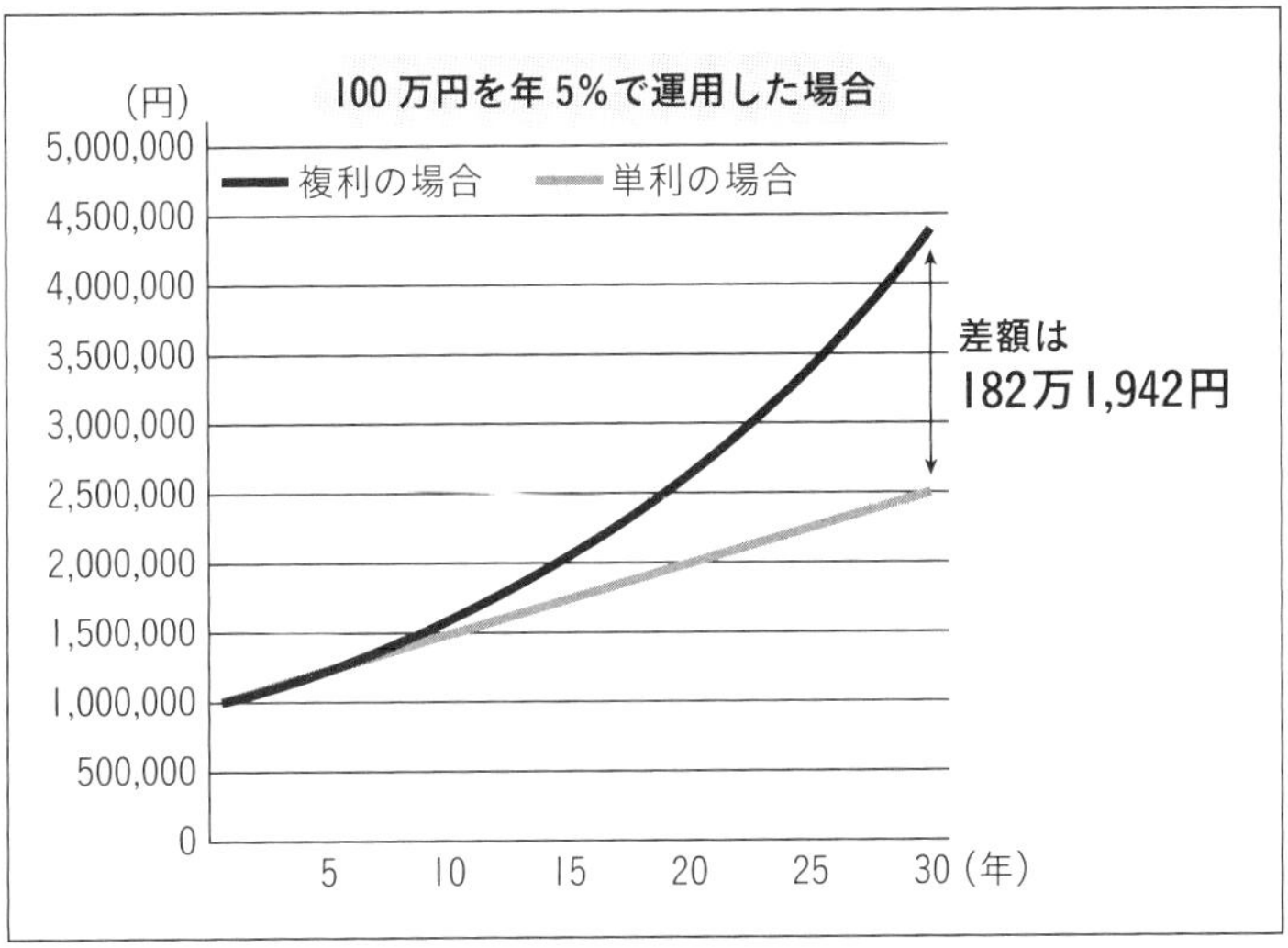

は五万円から増えることはありません。

一方、複利の場合でも、一年後は単利と同じくもらえる利息は五万円です。しかし、二年目は元本の一〇〇万円と利息の五万円が再投資されるため、一〇五万円が元本になります。一〇五万円で得られる利子は五万二五〇〇円です。ここから少しずつ違いが出てきます。次の年は、一一〇万二五〇〇円を五%で運用することになります。

そのまま三〇年間運用した場合は、**図38**のようになります。

単利の場合と複利の場合の計算をよく見てみると、単利の計算は、毎年五万円が増えていく足し算ですが、複利の計算は元本と利息を加えたものに掛け算をしていきます。ですから、投資期間が長くなれば長くなるほど差が出てきます。

お金の増え方についても、単利の場合は元本の一〇〇万円が二倍になるのは二〇年後ですが、複利の場合は一五年後なので五年も早く到達します。さらに二五年後には三〇〇万円、三〇年後には四〇〇万円を超えてきます。**運用の期間が長ければ長いほど、この複利効果がより期待できる**ことがおわかりいただけるでしょう。

このように、精神的負担、貯蓄の習慣づけ、複利効果の面から、資産運用は若い頃から開始するべきなのです。

Q 質問4

「インデックスファンドへの投資が一番良い」と聞きますが、本当ですか？

A 答え

インデックスファンドは、コストが低いです。しかし、リターンが最も高いわけでも、リスクが最も低いわけでもありません。

「インデックスファンドが一番良い」の誤解

「インデックスファンドへの投資が一番良い」というのはよく聞く話だと思いますが、いったい何が一番なのでしょうか？

間違いなく言えることは、**コストが安い**という点です。個人投資家の多くは「一番良い」を「一番儲かる」や「一番リスクが小さい」と誤解するケースが多いようですが、インデックスファンドのリターンが一番高いわけでもなく、リスクが一番低いわけでもありません。まずはこの誤解を解いていきましょう。

インデックスファンドにはさまざまな優れた点がありますが、最大の魅力は運用に係るコストが安い点です。

例えば、平均的なアクティブファンドの年間信託報酬（保有コスト）は一％〜二％程度ですが、インデックスファンドなら〇・五％以下でたくさん見つかります。

アクティブファンドがコストを上回るリターンを稼いでくれれば問題ないのですが、過半数以上はインデックスファンドの運用成績に及ばないのが現実です。特に長期になるほどこの傾

〈図39：株式、債券のインデックスファンドにおけるリスク・リターン例〉

【年率換算値】	リターン（実績）	リスク（実績）	種類
S&P500	9.6%	15.0%	米国株式
MSCI 全世界株式	5.8%	17.1%	世界株式
MSCI 全世界株（円ベース）	6.9%	20.6%	世界株式
TOPIX	4.8%	18.6%	日本株
MSCI 新興国（株式）	1.8%	22.7%	新興国株式
米国低格付け社債	6.0%	12.7%	米国社債
米国総合債券	3.5%	3.8%	米国債券

（期間：2008 年 3 月～2019 年 4 月）

※上記データは全て代表的な ETF 基準価格を利用
※TOPIX、MSCI 全世界株（円ベース）以外は全てドル建て
※出典：Bloomberg より FS 作成

向は強まることが知られています。

　では、インデックスファンドは一番儲かるのでしょうか？　よく聞かれる質問ですが、結論は「わかりません」となってしまいます。例えば、**図39**は株式（アメリカ、日本、世界、新興国）、債券（米国債券全体、米国低格付け社債）のインデックスファンドの一部を並べたものですが、どのファンドが「将来」一番儲かるのか、わかりますか？

　そもそも、各ファンドのリスク（投資の振れ幅）がまったく異なるため、単純にリターンだけを比較しても意味はありません。さらに問題な点は、これは過去の一時点の結果であり、今から投資を始める人の将来リターンを占うものでは一切ありません。**投資の世界において、過去に起こったことが未来にも起**

〈図40：代表的な世界株ETFへ投資した場合の最大下落率の推移〉

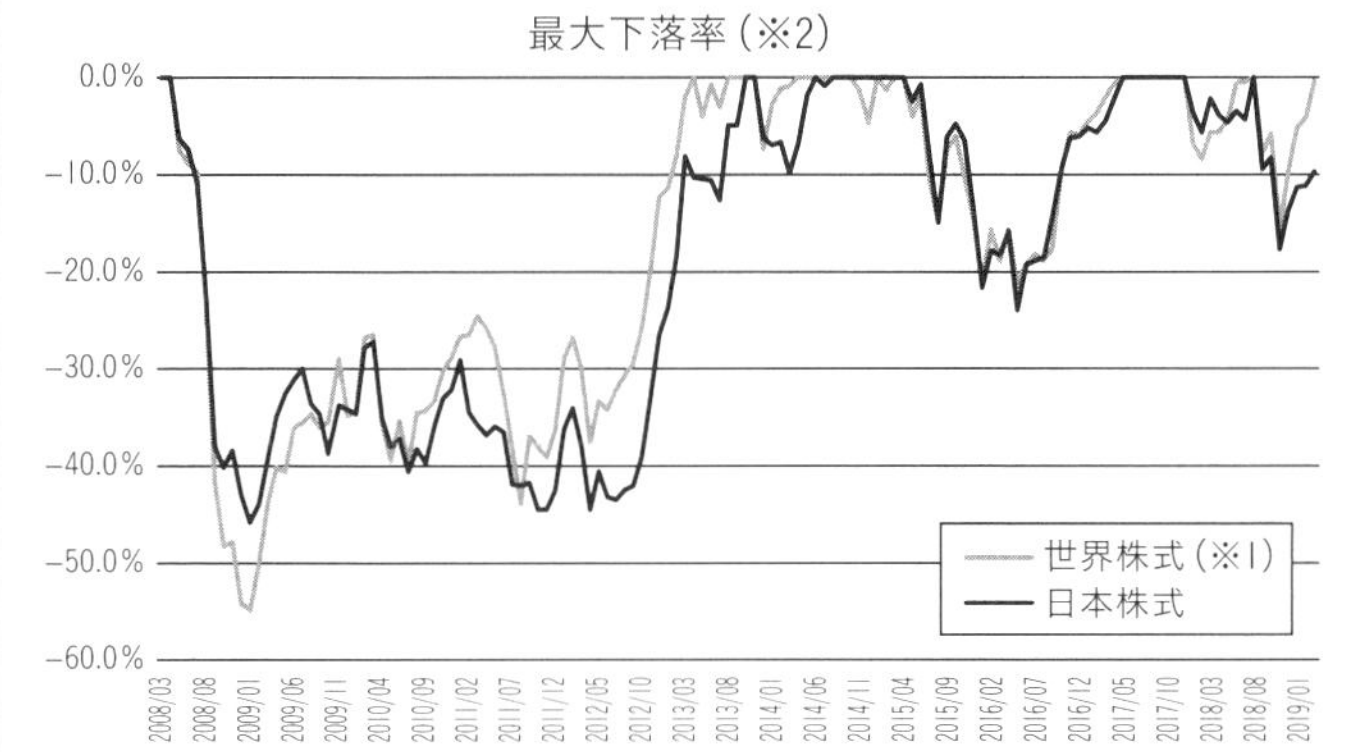

※1：MSCIオールカントリー指数に連動するETF
※2：最大下落率とは直近高値からの下落率に基づいて計算
※出典：Bloombergデータより FS作成

こると短絡的に考えることは危険です。

インデックスファンドは低リスク？

株式インデックスファンドへの投資を行う場合、あまり詳しくないのでとりあえず「世界全体の株式」へ投資するというのも選択肢の一つです。少なくとも、個別企業の株式へ投資するよりは、リスクは大幅に低下するはずです。

ただし、**図40**のチャートを見ていただければ、たとえ地域や銘柄を幅広く分散した場合でも、運用の途中で発生する短期的な損失は大きく、その発生頻度も決して少なくないこ

〈図41：4資産への均等投資を行った場合の最大下落率の推移〉

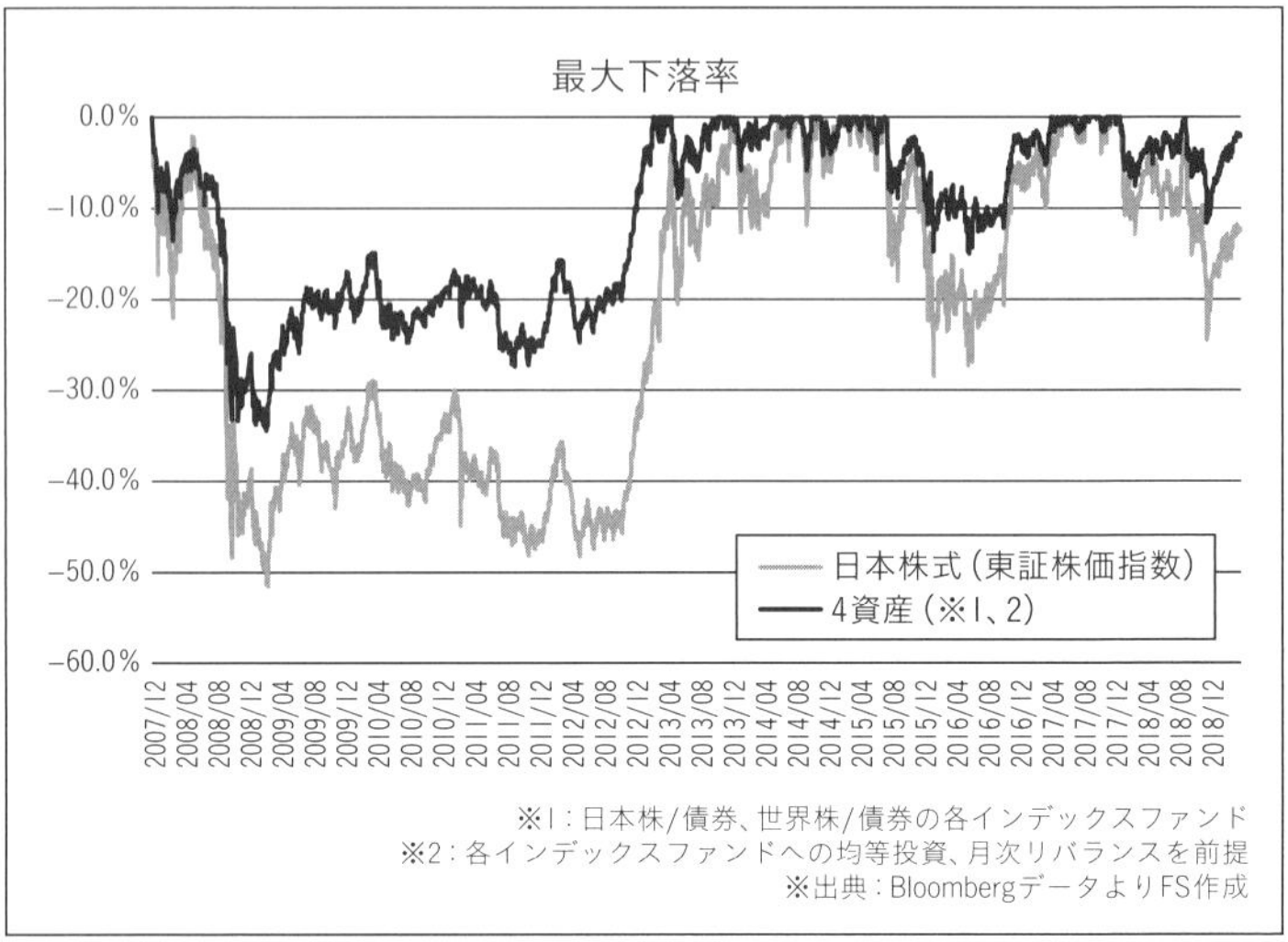

※1：日本株/債券、世界株/債券の各インデックスファンド
※2：各インデックスファンドへの均等投資、月次リバランスを前提
※出典：Bloombergデータより FS作成

とがわかります。

専門家は、投資初心者にインデックスファンドを奨める傾向がありますが、**低コストだからといってリスクが低いわけではまったくありません（低コスト≠低リスク）**。この点は誤解している人も多く、注意してほしいと思います。

株式インデックスファンドへ投資する場合、地域を世界に広げても大きな価格変動リスクが残ることがわかりましたが、今度は債券を投資対象に加え、地域だけではなく資産の幅も広げてみましょう。

図41のチャートは日本債券、日本株式、世界債券、世界株式へ幅広く分散投資（四資産へ均等投資）を行った場合、短期的に発生する損失の度合いを示しています。これを見る

限り、それでもかなりの損失が発生している様子がわかります。

以上の通り、インデックスファンドには低コストという優れたメリットがあります。一方、投資リスクは必ずしも小さくなく、低コスト＝低リスクと判断すると大きな間違いにつながることを忘れないでください。

長期の積立なら良いですが、株式系のインデックスファンドを一括で購入すると、大きく下落する可能性もあるので注意しましょう。

Q
質問5

今後市場の急拡大が見込まれるロボティクスファンドを保有していますが、継続保有でOKですか？

A
答え

短期的な大きな下落に耐えられるのなら継続保有、それが難しいようなら売却も考えてください。何に投資をしているのか、その本質をしっかり理解することが重要です。

ロボティクスファンドの「ちょっと危ない真実」

最近のテーマ型ファンドは、ロボットやＡＩ（人工知能）に投資対象を絞ったファンドが人気を集めています。

少子高齢化による労働力不足が先進国を中心に目立っており、その有力な補完手段としてもロボットへの注目度が上がっているからです。また、ＡＩ技術の進歩も著しく、囲碁や将棋の世界ではＡＩがプロ棋士に勝つ時代を迎えています。実際、ビジネスの現場でも、多くの企業がＡＩ活用の具体的な方法を考え始めています。

「こんな将来有望な投資分野は他にはない！」ということで、多額の資金が流入しているわけですが、金融機関がイメージ先行で販売している影響もあり、良い面にだけスポットライトが当たりすぎて、投資に付随するさまざまなリスク面が見落とされている可能性を感じます。

ＡＩやロボットに対する一般的イメージとして、自動車の完全自動運転や人間型アンドロイドを想像される方も多いでしょう。未来を変えるような革新的な技術や製品等です。ただし、ファンドに入っている個別銘柄を見てみると、若干印象が変わる可能性があります。

例えば、あるグローバルロボティクス株式ファンドの目論見書を見てみると、組入上位銘柄にはキーエンス、ロックウェル、ファナック、ＡＢＢ、東京エレクトロン等の世界に名だたる大企業が並んでいます。決して「人間型アンドロイド」の研究開発を本業とするようなベンチャー企業ではありません。

これらの企業の本業は、工場等の生産現場を支える重要な部品、設備の製造販売であり、いわゆる設備投資関連銘柄（資本財セクター）が多くなっています。その売上動向は世界の設備投資サイクルから大きな影響を受けることが多く、**典型的な景気敏感株となっています（ハイリスク・ハイリターン株）**。まずはロボティクスファンドの実態がハイリスク商品であることを認識する必要があります。

ただ、これらの銘柄に魅力がないのかというと、必ずしもそんなことはありません。現状の産業用ロボットは半導体・自動車産業等に偏っていますが、今後は医療・介護・自動運転等に広がる潜在性を持っています（巨大な潜在市場）。また、AIをさまざまなビジネスシーンで活用したり、あらゆるモノをインターネットでつないでいく動きも一層進むでしょう。車や家電がその典型例と言えます。

この流れは飛躍的に半導体需要を増加させる可能性があり、そうなればもう一段、半導体・電子部品の設備投資が加速するかもしれません。つまり、五年から一〇年程度の時間軸では、資本財セクターの将来性は相当明るい、という見方も可能です。

ファンド選びはマイナス要素もチェックする

では、ロボティクスファンドの保有を継続していいのでしょうか?

前述の通り、ロボティクスファンドの実態は資本財セクターファンド（＝景気敏感株）と言えるものです。したがって、**三年以内の時間軸では景気変動の影響を大きく受けます（ハイリスク）**。一方、五年以上の時間軸では、大きな市場拡大のポテンシャルを持っており、魅力的なリターンを投資家に提供してくれる可能性もあります。

これらの点を踏まえると、金融機関がこのような商品を投資家に販売する際には、本来は次のような説明が必要です。

「このファンドは資本財セクターの塊であり、足元の景気動向に大きく左右される可能性が高いハイリスクファンドです。反面、世界的な景気拡大が今後も続く場合、または五年後の巨大な成長ポテンシャルが顕在化する場合、平均を大きく上回るリターンをあげる可能性があります」

仮にこのような説明を金融機関がお客様にした場合、多くの人は投資を躊躇《ちゅうちょ》してしまうのではないでしょうか？

だからこそ、金融機関は短期的なリスク面の説明以上に投資家の心に響く「明るくわかりやすい中長期テーマ」の説明に重点が置かれるのではないかと思います。

結果として、投資家はプラス要素だけを理解し、マイナス要素（リスク）を見落としてしまう事態となります。これがテーマ型ファンドに共通する大きな課題だと思います。

ハイリスクファンドであるという実態をよく理解したうえで、短期的な価格変動に耐えることができるのであれば、継続保有で良いでしょう。しかし、それが難しいのであれば売却や長期の積立での購入を検討することをおすすめします。

Q 質問6

高金利の新興国債券への投資は儲かると聞き、魅力的に感じます。

A 答え

高利回りの裏側には、必ずリスクがあります。投資を行う場合には、リスクの源泉をしっかり理解してから行いましょう。

新興国債券は「高金利」なのか

新興国の債券（国債等）は利回りが高く、多くの投資家を惹きつけています。新興国の多くは人口も増え経済成長率も高く、かつての日本と重ねて見えてしまう人も少なくないようです。

一方、金融市場では「リスクのないところにリターンはない」と考えるため、安全で利回りだけが高い金融商品は存在しません。それでは、新興国債券にはどんなリスクが隠れているのでしょうか？　魅力的に見える新興国債券の裏側を見てみましょう。

新興国の国債利回りは先進国と比べれば高いことが多いですが、背景には高いインフレ率（物価上昇率）があります。このことを理解するために、以下の例を考えてみましょう。

例えば、インフレ率一〇％の国で一〇〇万円を定期預金するケースを考えます。金利が五％の場合、一年後の預金は一〇五万円に増えていますが、一〇〇万円で販売されていた車も同時に一一〇万円に値上がりしているはずです。

この状態では預金者がどんどん損をするため、銀行が預金を集めるためには、預金金利を少なくともインフレ率以上に設定する必要があります。金利からインフレ率を引いたものを「実質金利」と呼びますが、通常これはプラスになります。この**実質金利こそが預金者の手元に残る「実質的な利益」**だからです。

新興国の表面金利は高いことが多いですが、その裏には高いインフレ率が隠れており、実質金利はそれほど高くないケースも珍しくありません。**図42**は、トルコとアメリカの実質一〇年国債利回り（一〇年国債利回りから消費者物価上昇率を引いたもの）を比較したものですが、イメージほど大きな差がありません。

このように、国ごとに大きく異なる金利の魅力度を考えるときは、実質金利で比較しなければなりません。

〈図42：トルコとアメリカの実質10年国債金利の推移〉

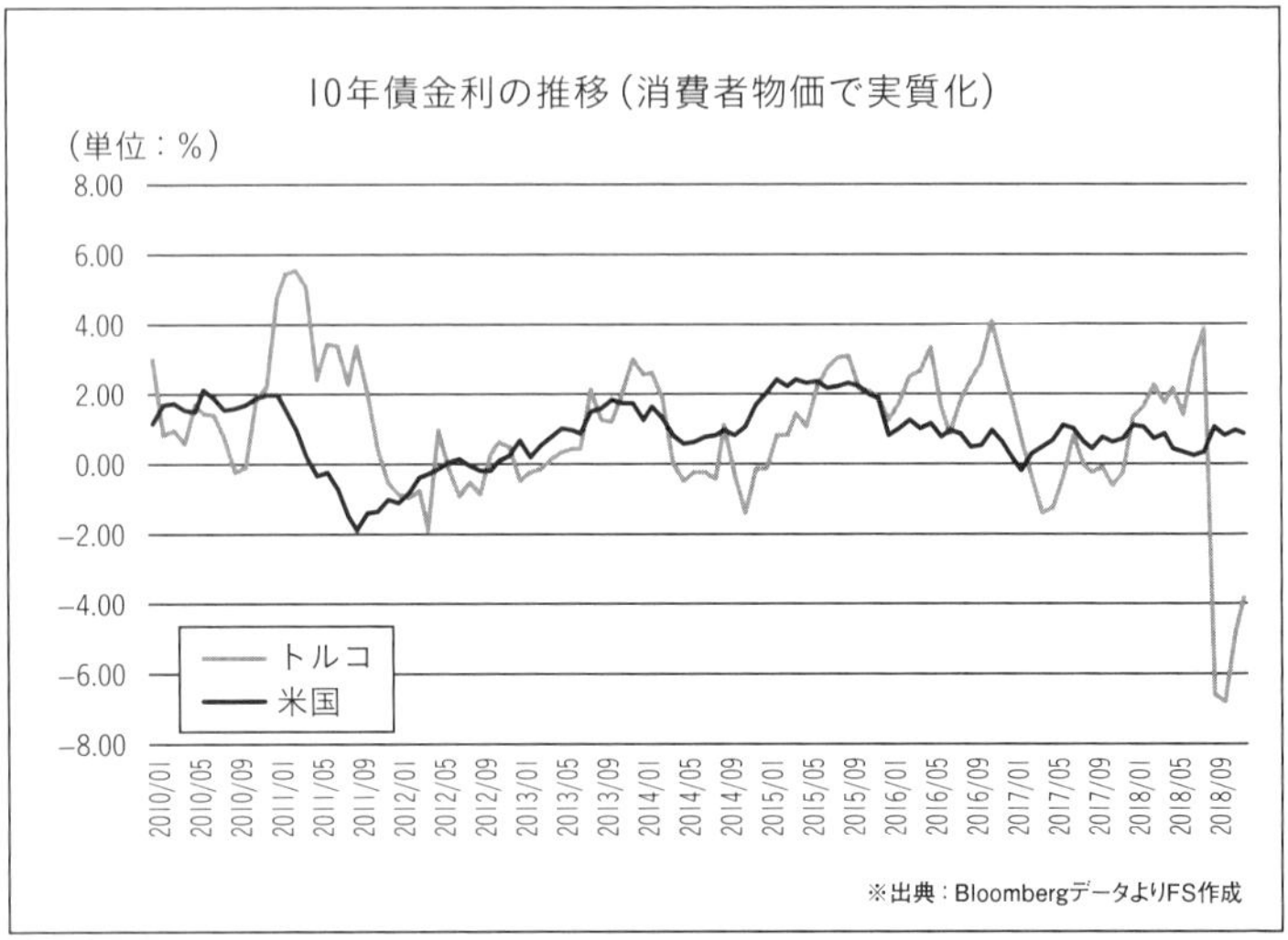

高金利の裏に必ずある「高インフレ率」

実質金利についてもう少し考えてみましょう。なぜその国に居住していない外国人と現地インフレ率が関係してくるのでしょうか？無関係に見える両者を結びつけるのは為替レートなのです。

非居住者が外国で預金（または債券を買う）するためには、必ず為替レートが絡んできます。そして、インフレ率の高い国ほど中長期では通貨安となる傾向が知られています。次のような極端な例を考えるとわかりやすいかもしれません。

一ドル一〇〇円のとき、同じ新車が日本で

は一〇〇万円、アメリカでは一万ドルだったとします。一年後、アメリカでは猛烈なインフレになり（インフレ率一〇〇％）、日本は〇％だったとすると、一年後の新車価格は日本一〇〇万円、アメリカ二万ドルとなるはずです。

仮に為替レートが一ドル一〇〇円で横ばいだった場合、新車価格は日本一〇〇万円、アメリカ二〇〇万円（二万ドル×一ドル一〇〇円）になってしまいます。自動車メーカーから見れば、まったく同じ新車がアメリカでは二倍の価格で突然販売できることになります。

こうなると日本から自動車を輸出すれば大儲けとなるため、自動車メーカーは輸出を増やしてくるでしょう。

しかし、輸出が増える過程では、徐々に円高が進むはずです（貿易摩擦は無視します）。自動車メーカーは輸出で得たドルを円に戻す必要があるからです（ドル売り円買い）。

中長期では、一ドル五〇円程度へ為替レートが変化する可能性が高まります。

すると、一ドル五〇円なら日本一〇〇万円、アメリカ二万ドル×五〇円＝一〇〇万円で両者は同じ価格となります。この為替レートなら日米新車価格は同じになるため、自動車メーカーが輸出ドライブをかけるインセンティブが薄まり、日本からの輸出も徐々に減ってくるはずです。

このように、**高金利の裏には高インフレ率が隠れていることが多く、高インフレ率の通貨ほど中長期では下落する傾向**があります。

つまり、日本人が表面金利の高い新興国の通貨・債券に投資した場合、高い金利収入を得られる反面、高いインフレ率の分だけ通貨が値下がりする可能性が高く、手元に残る円ベースのリターンは表面的な金利ほど高くならないということです。せっかく手にした金利収入を、為替差損で一部または全部を相殺してしまうからです。

もちろん、この話は理屈（理論）であり、金融市場がいつでも理屈通りに動くわけではありません。ただ、長期になるほど金融市場は理屈に近づいていく傾向があるため、理屈を無視するのは非常に危険です。この理屈の中にこそ、新興国投資のリスクが隠れているのです。

投資信託Q&A　基礎知識（長期投資）

Q 質問7

ファンドラップをすすめられていますが、どうすれば良いでしょうか？

A 答え

コンサルティングと運用商品がセットになった商品であり、投資初心者には一定の価値を提供できる可能性があります。

ファンドラップの価値とは

運用を行えば必ず一定のリスク（価格変動）が伴いますが、どこまでのリスクなら短期的に我慢できるのか、リスク許容度は人によって大きく異なります。運用というとまず利益をイメージする人が多いですが、同時にイメージすべきはリスクです。まったくリスクが発生しない運用など存在せず、この点は運用を長続きさせるために必ず理解していただきたいステップです。

そして、リスク許容度が異なれば投資対象も変わります。ファンドラップはさまざまなリスク許容度に対応した複数コースをラインナップしていることが多く、個人投資家は金融機関と相談しながら最適なコースを選択できる仕組みになっています。

このように、ファンドラップは**一定の手数料負担を伴いますが、金融機関とのきめ細かい相談プロセスを踏むことにより、過大なリスクを避けられる**仕組みが、あらかじめ用意されているのです。

何でも自分で判断できる運用上級者には無駄な金融商品に見えるはずですが、運用初心者、中級者、多忙な人等には大きな価値を生むポテンシャルを持っています。

逆に言えば、この相談プロセスに価値を感じない場合、または金融機関が丁寧な相談プロセスを踏まない場合、手数料に見合った価値を生み出せない可能性を含んでいます。相談プロセスの重要性に対する金融機関の理解度には差異があり、この部分には注意が必要です。

そもそもファンドラップとは、複数の投資信託へ分散投資を行う金融商品のことを指しています。その特徴として、組み入れる投資信託の選択（組み入れ比率を含む）を金融機関が個人投資家に代わって行う点にあります。つまり、投資の意思決定を金融機関に一任する仕組みです（投資一任）。

日本でもその残高は約一〇兆円と増加する傾向にありますが、アメリカでは四〇〇兆円を超えており、個人投資家にとって主力金融商品になっています。

ファンドラップは個人投資家に二つのメリットを提供できるはずです。

①金融機関と個人投資家の間で発生する「利益相反」が少ない

ファンドラップ内でいくら投資信託を売買しても売買手数料は一切発生せず、金融機関側に「手数料稼ぎ」のインセンティブが発生しません。金融機関に支払う手数料は残高に応じた定率で決まるのが一般的であり、金融機関にとっても残高を増やす以外に手数料を増やす方法がありません。投資家の利益と金融機関の利益が一致していると言えるでしょう。

②リバランスが実行される

例えば、株・債券に五〇%ずつ投資するコースを選択した場合、株価が下落すればその比率が株四〇%、債券六〇%と変化します。リバランスとは、この組み入れ比率を当初計画値（株・債券五〇%ずつ）に戻す投資行動のことを指しています。

自分でやろうとすると、下落（または暴落）した株式を買い向かうことになるため、実行するのは頭で考える以上に難しいことがありますが、ファンドラップはこれをお任せで行ってくれます。多くの資産価格は永遠に下落し続けることはなく、時間とともに落ち着きを取り戻すのが通常であり、リバランスが価値を生み出す原動力になっています。

ファンドラップで失敗しないための注意点

ファンドラップに組み入れられている商品に偏りがある場合には、注意が必要です。例えば、取り扱い金融機関の系列運用会社が運用する商品ばかりが入っていれば、本当に厳正・中立の視点で商品選択が行われているのか疑問がわきます。

また、ファンドラップのコースの一部には債券にばかり投資しているケースがあり、この場合も注意したほうが良いと思います。

日本の国債利回りはすでにマイナス領域に突入していますが、欧州諸国の発行する国債も似たような状況にあり、為替リスクをヘッジした先進国国債インデックスに投資しても、期待されるリターンは一%を切っているケースがあります。期待リターンが一%を切っている資産に手数料二%以上を支払って運用した場合、何が起こるかは一目瞭然です。

この場合は、債券以外の低リスク資産に上手に分散投資することが不可欠になってきます。**組み入れ商品の工夫度合いは金融機関の腕の見せ所です。**商品にさまざまな偏りがないか、この点は投資初心者であってもよく見極めることが必要です。

自分に合った金融機関を通して適切な商品選択ができれば、コンサルティングと運用商品がセットになったファンドラップは付加価値の高い運用方法と言え、試してみる価値があると思います。

Q
質問8

賃貸アパートを年金の補完として所有しようと思いますが、資産運用になるでしょうか？

A
答え

素人は手を出さないほうが無難です。リスクに見合うリターンを獲得できないケースが散見されるからです。

「サラリーマン大家」が失敗しやすい理由

ワンルームマンション等の不動産物件に投資を行う個人が増えているようです。相続税対策ではなく、純粋に利回り獲得を目的とした投資です。なかには所得税の節税効果を狙った投資も含まれている可能性がありますが、基本的には日々の収入補完（家賃収入を老後の生活費に充てる等）を目的とした投資のようです。

結論を言ってしまえば、**副業で不動産投資を行う場合、思い通りの成果を上げられる可能性**

は極めて低いのが現実です。

それに比べれば、上場ＲＥＩＴへの投資のほうがはるかに優れています。銘柄やタイミングによりますが、平均すれば税引前で三・五～四％程度の利回り獲得ができるはずです。

もちろん、ＲＥＩＴへの投資は株式と同程度の価格変動リスクを伴いますが、それは実物不動産へ投資しても同じです。実物不動産には日々の時価が付かないため、価格変動が目に見えないだけです。

このように書くと、「アパートの一棟売り等にうまく投資することができれば、六％以上の利回りが期待可能」といった反論が必ず出てきます。これに関しては、一定の前提を置けばある程度事前にイメージすることができます。まずその数字を見てみましょう。それほど魅力的な利回りにならない理由を含めて解説します。

正常な市場原理が働かない貸家市場

過去に建設された日本の貸家ストック数は約一六〇〇万戸程度と言われていますが、空室率は二割近い状況です。大手業者（大手ハウスメーカー等）が管理する貸家ストックは全体の四割程度と推定されており、過半以上は個人オーナーによって管理されている物件です。

大手業者の管理物件は総じて空室率が低く（五％前後）、個人オーナーの管理物件の空室率は三割を超えている計算になります。なぜこんなことになっているのでしょうか？

考えられる理由の一つとして、**貸家物件の多くは収益獲得ではなく、建設そのものが目的化**しているからです。日本の相続税の仕組み上、資産家にとって貸家を建設すると相続税の負担が大幅に軽減されます。個人管理物件の多くは相続税対策を目的として建設されたものです。

これらの物件の多くは、経年劣化に伴うメンテナンス等が十分に行き届いていないケースが多く、時間の経過とともに、競争力を低下させていきます。

競争力低下に直面した個人オーナーにとって、手間暇かけず手っ取り早く空室を埋める方法は賃料の値下げです。賃料を値下げしていては高い収益性は望めないでしょう。

貸家ストックの二割が空室にもかかわらず、年間四〇万戸以上が建設されること自体も異常ですが、そのオーナーのほとんどが収益獲得を目的としていないのも異常です。

このような市場に純粋投資家が乗り込んでも、成功する確率が低いのはある意味当然です。競争条件が悪すぎるからです。

「利回り六%」の物件でも「正味は半分」

投資用不動産は「利回り六%」などと表示されるケースが多いですが、これは手取り収入とは異なります。ファミリー物件の多くは平均入居期間が四年前後であり、この入れ替えに伴《ともな》う短期空室が必ず発生します。

さらに、さまざまな経費を見込む必要があります。物件の日々の管理(入居手続き・家賃回収等)を不動産業者に委託すれば五%程度の管理費(対売上)、固定資産税(同三%~六%)、借入に伴う金利負担、各種修繕費(入居者入れ替えに伴う小規模修繕から一五年に一度の大規模修繕まで)、入居者紹介に伴なって不動産会社に支払うインセンティブ等も時間経過とともに必要となるでしょう。

物件購入価格のどの程度を自己資金で対応するかによって金利負担もあります。**実際に手元に残る利益(税引後)はおよそ二~三%程度**ではないでしょうか?

この試算は賃料横ばいを前提としており、実際には賃料下落がさらに利回りを引き下げる要因になるはずです。本当に苦しくなるのは築年数一〇年以上経過してからです。

REITは細かい決算内容を開示しており、非常に参考になります。例えば、アドバンスレジデンス投資法人（住宅専業ＲＥＩＴ）の開示資料によれば、保有物件の修繕関連費用（小規模補修から大規模修繕・リノベーションを含む）に収入の一〇％近くを費やしています。保有物件の平均築年数が一二年を超えているものの、ほぼ満室稼動しており、経年に伴う競争力低下を手間暇かけたリノベーションや修繕で必死に食い止めている様子がうかがえます。

これだけのコストをかけても中長期の賃料水準は横ばい微増程度で推移しており、ほとんど放置に近い築古物件（個人管理物件）の賃料水準がマイナス一割、マイナス二割（新築時対比）と下落してもまったく不思議ではありません。むしろ、個人物件では、これだけ賃料を下げても入居者がおらず、空室率はなお高位に留まっているのが実態ではないでしょうか？

賃料低下、コスト増、価格下落……。さまざまなリスクを乗り越え、一般の人が不動産投資でリターンを出していくことは、極めて難しいのが実情です。

Q　質問9

老後のために金融機関に資産運用の相談に行ったところ、保険での運用を提案されました。入るべきでしょうか？

A　答え

資産運用が目的であれば、さまざまなコストを鑑みると、保険は活用しないほうが無難です。

「保険で損をする」三つのパターン

日本では、保険で資産形成を成功させた人が数多くいます。ここでは、いくつかの通説や、弊社がよく相談を受けるパターンに分けて、順を追って解説していきましょう。

①終身保険を使って積立する

日本は世界でも類を見ない保険大国と言われます。

例えば、自分の親から「保険には入りなさい」と言われた経験を持つ人が非常に多いのではないでしょうか?

実際に二〇代や三〇代の頃から毎月コツコツと終身保険で積立し、六〇歳になるまで継続すると、自分が積立てた金額の倍近くになって戻ってきたような時代がありました。元本が確保された状態で、このような大きな成果を出すことができるのであれば、終身保険が金融商品としては非常に優れているという印象を持つ人が多いのも頷けます。

ただ、結論から言うと、現在では終身保険を活用して過去のような成果を得ることはできません。一般的な終身保険の運用利回り(予定利率)は、契約時点での長期金利が元になっているからです。

つまり、今の五〇代や六〇代の人が二〇代のときに組んだ保険というのは、非常に金利が高い時代に組まれたものであり、運用商品として十分に機能していました。一方、現在マイナス金利の状況にある日本で、このような商品で積立を行った場合どうなるかというと、二〇~三〇年かけてほぼ元金は変わらずというような結果になってしまいます。

ここでのポイントは、過去の積立(終身保険)が大きな成果を出した背景を正しく理解することだと思います。真の理由は、それが**「保険商品だったから」ではなく、「金利が高かったから」です**。終身保険のような金融商品を考えるうえでは、その商品に大きな影響を与える要素（金利など）を正しく理解する必要があります。

②「一時払い保険」を活用して退職金の資産運用をする

このパターンも、弊社に相談に来られた多くの方が経験されています。

「一時払い保険」とは、最近では、銀行や証券会社、信託銀行に至るまで幅広い金融機関が提供している商品です。詳細な商品概要の解説はここでは行いませんが、固定の利率で増えるものや中身の運用成果によって変動するものなど、多種多様な商品があります。

ここでのポイントはただ一つ。**目的が運用なのであれば、保障やその他の費用がかかる保険でわざわざ行う必要がない**ということです。まずは事例を紹介しましょう。

固定の利率で増える米ドル建ての一時払い保険を見てみると、実質の運用益が一〇年間で約二〇％という実績のものが一般的によく提案される商品です。

一方で、同じ米ドル建ての債券で運用を行うことができれば、一〇年間で二〇〜五〇％の成果を確保することができる場合もあります。

なぜこのような差が生まれたのでしょうか。すべてではありませんが、一時払い保険については、保険関係費用として年間約二％（一〇年だと二〇％）のコストがかかる、などの理由があるからです。もちろん、必要な保険ならば問題ありませんが、運用が目的ならまったく無駄なコストになる可能性があります。

③変額保険を活用した老後資産形成

現在、低金利の日本では運用実績によって受取額が変動する変額保険が人気です。特に二〇代〜三〇代の人がよく提案を受けているようです。「預貯金対比では有利な利回りになる」「インフレリスクなどにも対応可能」といった観点で勧めているケースが多いと思います。

この通説についても、②の一時払い保険と同じことが言えます。こちらも運用が目的なのであれば、あえて保険で運用して、効率性を下げる必要はありません。

ある保険会社の変額保険を例にとって、投資信託の積立と比較した数字を見ると、一目瞭然の結果となります。三〇歳男性が次の変額保険（六〇歳満期）に加入したとします。

・変額保険（六〇歳満期）
月々保険料：二万一四四〇円（六〇歳までの総支払額：七七一万円）
保険金額：一〇〇〇万円

運用内容：Aファンド（外国株式型）

当然ながら、この保険の解約返戻金は運用する中身である外国株式の実績に左右されます。では、この例と同様に月々二万一四四〇円を使って、この変額保険を運用しているAファンドを、直接投資信託の積立で購入した場合はどうなるでしょうか。

結論から言うと、次のように契約することで同様の効果を得ることができます。

・定期保険（六〇歳満期、掛け捨て型）
月々保険料：一七八〇円（六〇歳までの総支払額：六四万円）
・Aファンド積立
月々積立額：一万九六六〇円
=合計二万一四四〇円

この比較を用いた場合、運用実績が同じ〇%だったとき、六〇歳時点で次のような違いが現れます。

変額保険：五六九万円

定期保険＋投資信託積立：七〇七万円

いかがですか。定期保険は掛け捨てですが、それでもこの結果になります。この違いを見てもわかる通り、やはり**資産運用を目的とした場合の保険の活用は、非効率である**ということがご理解いただけると思います。

三つのパターンで保険を活用した場合の運用効率を見てきました。いずれのパターンでも、「金利状況」や「コスト」の観点で運用効率が大きく変わることがわかります。金融機関から勧められたからと、安易に保険を選ばず、目的に応じた金融商品の選択をしてもらいたいと思います。

Q 質問10

損をしている気がするので、保険の掛け捨てをしたくありません。考え方として間違いでしょうか？

A 答え

今の日本では、貯蓄性の保険に入るより掛け捨て保険に入るほうが有利です。

生命保険の本質的な意味を考える

掛け捨て保険と貯蓄性保険、どちらが良いか判断するうえで最も重要なことは加入目的です。特に死亡リスクや医療費に備えるのであれば、掛け捨てのほうが良いでしょう。

「『掛け捨て』という響きが損をしている気分になる」というのはわからなくはありません。そこでまず、「生命保険とは？」という本質的なところから考えてみましょう。ここがクリアになると、加入目的に見合った保険選びができるようになります。

生命保険の本質はリスクヘッジです。資産運用とは異なり、リターン獲得を目的として加入するものではありません。万が一のときの資金を準備するために作られた金融商品です。少ない掛け金で大きな保障を準備できる点が最大のメリットです。

例えば、子育て世代の夫婦や従業員の生活を担保しないといけない経営者のケースを考えてみましょう。家族や企業の大黒柱に万一の事態が発生した場合、残された人がすべてを自力で解決するのは困難な場合がほとんどです。このリスクは事前に予測することが難しく、ある日突然襲ってくるからです。

このようなリスクこそ、生命保険で対処すべきリスクです。このケースでは掛け捨ての生命保険が最も効率的です。それは、最も少ない掛け金で大きな保障を得られるからです。抱えるリスクが大きく、**「加入目的＝死亡保障」という人たちは、保険料が高い貯蓄性保険ではなく、掛け捨てタイプ**の保険に加入すべきと言えます。

逆に言うと、貯蓄がしっかりある人にとっての医療保険（例：入院一日五〇〇〇円、手術五万円など）は、必ずしも加入しないといけないものではありません。自力で対処できないリスクとは言い難いからです。計画的な貯蓄で備えるべきリスクと言えます。あらゆるリスクに保険で備えるのは非効率であり、またその必要もありません。

あなたにも何十年も前から見直しをせずに加入し続けている保険がありませんか？　説明してきたような視点で保険を改めて考え直してみてください。必ず見直しの余地があるはずです。

「貯蓄性保険」よりも「掛け捨て保険」が優れている理由

「貯蓄性」と「掛け捨て」の保険の優劣が比較されてきた背景には、金利情勢があります。ご存じの通り、バブル期以前までは日本の金利もそれなりに高水準でした。この頃の生命保険は予定利率が年率五～七％で設定されていたケースが多く、貯蓄を目的とした金融商品としても十分に活用価値があったのです。いわゆる「お宝保険」と呼ばれる商品です。

なぜ「お宝」なのかというと、生命保険の予定利率は加入時に確定するので、過去の高金利時代の利率が今も適用されているのです。このような保険に継続して加入している限り、昨今のゼロ金利時代でも高い予定利率が維持されているのです。

一方、今は貯蓄性保険の加入時期としては最悪です。預金金利はゼロ、保険の予定利率も〇・二五％程度の保険会社が大半です。もちろん預金金利と比べると幾分かはマシですが、これでは多くの人に必要とされる目標利回りには届かないでしょう。

日本の金利は過去最低水準にありますが、**今貯蓄性保険に加入すると、この過去最低水準で予定利率が固定されます**。今後、世の中の金利が上昇してもあなたが加入した保険は今の予定利率から変わりません。これほど予定利率が低いと、二〇〜三〇年程度保険料を払い続けて、ようやく返戻率が一〇〇％（支払った金額）を超えるという状況です。

　子どもが産まれたタイミングで「とりあえず学資保険」と加入される人もいますが、増やす目的で加入するのであれば間違いなく不利と言えます。

「掛け捨ての保険は損だ」という意見は多くありますが、今の金利情勢下で貯蓄性の保険に加入することの機会損失のほうが大きいのではないでしょうか？　今一度、保険の本質はリスクヘッジという観点から保険選びをすることをおすすめします。

Q

質問11

資産運用にアドバイザーは必要ですか？ いろいろセールスされそうで怖いのですが……。

A

答え

セールスは不要ですが、アドバイザーは必要です。「わかる」と「できる」は違うからです。

「人間は非合理的」だからアドバイザーが必要

理屈のうえでは、資産運用にアドバイザーは本来必要ありません。アドバイスの拠り所となるさまざまな理論は、日進月歩というわけではなく、昔から使われている理論をそのまま使うことが大半です。ですから、多くの人にとって理屈を理解するだけなら、独力で行うことは十分可能だと思います。

これはダイエットや英会話、生活習慣などでも同じです。ダイエットの方法（運動を増やし、食べる量を減らす）は誰でも知っていますし、一日だけなら誰でもできます。ただ、長期間それを実践し続けることはとても難しく、大抵の人は途中で挫折します。人間の行動・思考には、常に非合理的な要素が混ざってしまうからです。

市場環境が最悪のときに資産を売却したり、逆に、市場環境が絶好調のときに投資を始める人が多くいます。

これらの非合理的な行動は、おかしな行動ではありますが、決して異常なことではありません。むしろ機械のように合理的な判断や行動を積み重ねる人間こそ、ほとんど存在しないのではないでしょうか？

では、人間が非合理的な行動をするという前提に立って、資産運用をする際にどのような対応策があるかを考えてみましょう。一つは、読書等を通じて知識を身に付けること。もう一つはアドバイザーの活用です。

正しい知識は非合理的な行動を防ぐ有効な手段になります。過去の相場の歴史を詳細に学べば、暴落時に株を売ることは事後的には非合理的であることが理解できます。相場は同じようには繰り返しませんが、「韻を踏んで」繰り返す、という格言があります。その表現が実感できるはずです。

それではアドバイザーは何ができるのか。アドバイザーにはお客様のプラン策定という重要な役割がありますが、実際にそれを実行するのはお客様です。

多くのプランは一〇年以上の単位で組まれており、それを長期にわたり実行するのは大変な困難が伴います。なぜなら、お客様の気持ちが常に揺らいでしまうからです。アドバイザーはこの揺らぎを常に修正し、元に戻していく必要があるのです。

「大暴落しそうだから、一旦売却しておいたほうがいいのではないか？」と揺らいできたら、「相場は予測するものではなく、付き合うもの」「無駄な売買を重ねると手数料分だけ損が膨らむ」「相場から離れると投資家が得られるリターンは劇的に下がってしまう」といった、資産運用におけるさまざまな常識をお客様と一緒に再確認していきます。いわゆるコーチングです。

アドバイザーはコーチングを通じて、投資家が非合理的な行動をすることを防ぐ努力を繰り返します。「わかる」と「できる」は別物です。ここにアドバイザーの存在意義があると考えています。

手数料が下がっても運用がうまくいかないワケ

アメリカやイギリスと違って、日本では資産運用に関するアドバイザーがあまり普及していません。例えば、日本の投信は銀行または証券会社でほぼ一〇〇%販売されていますが、アメリカやイギリスでは三~四割がアドバイザー経由で販売されています。

日本でアドバイザーが普及しない理由として、大手金融機関が個人投資家から必ずしも全幅の信頼をされていないことが影響しています。営業担当者の転勤が多かったり、収益管理が厳しすぎて、結果として手数料稼ぎを目的とした回転売買が目立つ等、さまざまな弊害が指摘されています。

また、金融機関側には資産全体の相談を受けられる担当者が少ない、という現実もあります。平均的な日本人の資産構成は、不動産や保険が大きなウェイトを占めているケースが多く、むしろ証券投資は脇役です。ですから、不動産や保険などの主役を抜きにして、脇役部分だけを最適化してもあまり意味がありません。これでは、お客様から「アドバイザーはいらない」と判定されてしまっても仕方がない部分があります。

だからこそ、多くの人はネット証券で自分でやれば良いと考えるのでしょう。実際、一九九〇年代後半以降、ネット証券の台頭により株式の売買手数料はどんどん引き下がっています。また、投信はノーロードという購入時無手数料の商品が増えています。そのため、多くの人は対面取引をやめ、ネット取引へ移行しています。

ここで一点、お伝えしたいことがあります。私はこれまで多くの投資家を見てきましたが、**手数料が下がったからと言って、投資家がプラスの実績を上げられるわけではないということです。**

投資家が損をする理由は、「運用に計画性がない」「時間を味方にしていない」「相場観に基づく短期売買を繰り返してしまう」等に集約されます。極論、そのような運用を行っている限り、対面だろうとネットだろうと手元に利益は残りません。

弊社に相談に来られるお客様の中には、「対面金融機関で取引をして損をしたので、ネット証券に切り替えたが、また損をした」という方が意外と多いです。手数料を払ってアドバイスを受けても損をしたため、それなら自分でトライしたほうがマシと思ったのでしょう。

しかし、これでは問題は解決しないのです。解決するためには、資産運用に対する考え方を根本的に変えていく必要があります。

手数料が「残高連動型」のアドバイザーを選ぶべき理由

質問は、「アドバイザーからセールスを受けそうで怖い」とのことでした。多くの金融機関では、お客様が株式や投信などの金融商品の売買すると、手数料が発生します。その手数料が金融機関の売上になりますから、顧客に頻繁な売買を促しやすい仕組みがあります。

しかしアドバイザーは、顧客に対して「無駄な売買」を極力避け、「長期目線で運用を続ける」ようにコーチングしなければなりません。

このように、金融機関の担当者は「顧客の利益」と「自分の利益（会社の利益）」の板挟みになりやすい構造にあるのです。

だからこそ、投資家としては「顧客の利益」を優先してくれるアドバイザーを見つける必要があります。**代表的な見分け方としては、取引をした際の手数料のかかり方を確認する方法があります**。具体的には、手数料が「取引連動型」なのか、「残高連動型」なのかを確認する方法です。

取引連動型は、取引の都度手数料のかかる方式です。日本の金融取引では一般的な方式です。それに対して残高連動型は、顧客の残高に対して一定額の手数料がかかる方式で、欧米では一般に普及しています。

残高連動型は、顧客の資産を増やせば業者の手数料も増える（逆に顧客の資産が減ってしまうと業者の売上も減ってしまう）ため、顧客との利益相反が生まれにくい方式とされています。売買の都度の手数料は原則無料のため、金融機関が自らの売上を伸ばそうと思えば、顧客資産を増やすか、顧客満足度を高める以外に方法がありません。
取引連動型のアドバイザーだからダメな訳ではありませんが、今後は、顧客とWin-Winの関係となりやすい残高連動型のアドバイザーが日本でも増加するはずです。そういったアドバイザーを付けることが、資産運用で成功するための近道だと言えるでしょう。

投資信託Q&A 基礎知識（アドバイザー）

Q 質問12

信頼できるアドバイザーを見つけたいのですが、どうすればいいでしょうか？

A 答え

良いアドバイザーは、値上がりする銘柄を教えてくれる人ではありません。

「良いアドバイザーは相場を予測しない」のはなぜか

アドバイザーは、**マーケットアプローチのアドバイザーとゴールベースアプローチのアドバイザーの二つ**に分かれます。

マーケットアプローチにおける良きアドバイザーとは、今後値上がりする銘柄を予測し、タイミング良く提案してくれる人のことです。「A株は短期で上がりそうです!」「今はドル円で勝負しましょう!」といった具合です。短期で実績が出ればさらに評価は上がります。

マーケットアプローチでは、景気、政治、企業業績等を分析し、その方向性を当てることを目指します。

この分野の最大の難点は、アドバイザーとして競争する相手が悪すぎる点にあります。多くのプロ投資家(大手運用会社のファンドマネージャー、ヘッジファンドマネージャー)が激しい生き残り競争を繰り広げており、マーケットベースのアドバイザーは彼らとの競争に晒されるからです。

プロ投資家でも長期間成功し続けるのは非常に難しく、仮に成功すれば著名投資家の仲間入りを果たします。

一方、ゴールベースアプローチにおける良きアドバイザーとは、あなたの将来のプランニングをサポートしてくれる人です。相場予測ではなく、**あなたのことを聞き、将来の収支を計算し、生涯金銭面で困らないような計画を立てる人**のことです。短期の話題は少なく、長期の話題がほとんどを占めることになると思います。

そして、ゴールベースアプローチのアドバイザーにとっては、プランニングと並んでもう一つ重要な仕事があります。それがコーチングです。

何度もお伝えしている通り、投資家は非合理的な投資行動を取ってしまいがちです。例えば、現在四〇歳の人であれば、今後資産運用を行う期間はおそらく二〇年、三〇年という時間軸になります。

それだけの年数があれば、リーマンショックのような相場下落を複数回経験する可能性があります。そのたびに投資家は損失につながる非合理な行動を取ってしまうリスクに晒されるのです。これを防ぐのがコーチングです。

長期の運用にアドバイザーが必要な理由

人間は大きな下落に直面すると、どうしても短期目線で物事を考え、不安に陥ります。世間が悪いニュース一色で染まるときほど、投資家は不安に耐えられず安値で資産を売却しようとします。

そのようなとき、アドバイザーは投資家の目線を長期に戻すために、アドバイスを行います。

私は年に一度程度、海外のアドバイザー業界を視察しに行きます。アメリカのファイナンシャルアドバイザーを訪問した際、彼らは次のようなことを投資家に繰り返し刷り込む（コーチングする）ことによって、顧客の長期運用を継続させていました。

・景気動向は上がったり下がったりする。
・景気の頂点や底を正確に判断することは難しい。
・リーマンショックのような相場状況の中、買い注文を入れることはさらに難しい。
・一方、その後は景気回復に伴い資産価値も回復することが多い。

これらは本当に当たり前のことなのですが、実際にはなかなか実践できる人は少ないのが現実です。だからこそ、アドバイザーはコーチングを行い続けるのです。

このように、アドバイザーに求めるべきものは、マーケットアプローチとゴールベースアプローチではまったく別物になります。運用効率の面では、マーケットアプローチのほうが一見優れているように見えるかもしれません。

しかし、正確に未来を予測し、タイミングを計ることは至難の業です。それを当て続けることは、ほぼ不可能と考えるべきです。

それに対して、「保有し続ける」というのは一見非効率です。「あんなに悪いニュースが増えていたのに。一回全部売却しておけば良かった」と考える投資家も多いでしょう。私たちもそれは承知しています。それでも持ち続けるのです。一見遠回りに見えたとしても、結局は長期投資が近道になります。

アドバイザーに求めるべきものは、長期運用を行ううえでのペースメーカー的な存在です。

あなたがアドバイザーに求めるべきものを整理し、考えを共有できるアドバイザーを探してみましょう。

第 5 章

損をしたくない
人のための
「資産運用
ここだけの話」

第4章に引き続き、第5章でも資産運用にまつわるさまざまなご質問に答えていきたいと思います。

第4章では運用の基本的な事柄をご説明しましたが、ここからは**プランニング、運用（実行）**と、より実践的な「答え」を集めています。

資産運用はプランを立て、長期的に継続することが重要です。しかし、継続を阻害する様々な要因があります。途中で止めてしまう要因を学び、資産運用をスタートさせましょう。

Q
質問13

退職金をもらい、運用を始めようと思っています。とりあえず、銀行で勧められたグローバルロボティクス投信を購入したいと思っていますが、どうでしょうか?

A
答え

投資対象よりも、まずは投資する目的を決めましょう。商品選択はそのあとです。

「まとまった収入があったのでとりあえず」の運用が一番危ない

退職金や相続等でまとまった資金を手に入れたことをきっかけに、資産運用を始める人は数多くいます。しかし、個人投資家で運用がうまくいっている人はとても少ない印象があります。

私もさまざまなお客様に接していますが、今回のケースのように「とりあえず」勧められた投信を買ってみたという事例が最も失敗につながります。なぜなら、「とりあえず」の運用には次のような致命的な失敗要素が複数含まれているからです。

① 運用の目的が設定されていない。
② 高リスクな商品を高リスクと知らずに選択する。
③ 将来性のありそうな商品を選択する。

まず、運用を開始するに当たり、目的と手段をはっきりさせましょう（①）。**何に投資をするかは「手段」であり、「目的」は別にあるはずです**。残念なことですが、日本人の個人投資家には、明確な目標を持って資産運用を行う人は少ないのが現状です。日本とアメリカの個人投資家の投資信託を購入したきっかけを比較すると、アメリカでは老後に備えた資産形成を目的として資産運用を始めている人がほとんどです。多くの人が二〇年、三〇年という時間軸で投資を行っています。

それに対して日本では、「余剰資金はあるけれど、預金に置いておいても金利が付かないし……」といった消極的な理由で投資をスタートする人が多いようです。ところが、実際に投資を始めてみると、「将来も何となく不安だけど、いざ投資を始めてみると毎日の価格変動のほうが不安！」となってしまうケースが少なくありません。

目標が明確であれば、「〇〇年後までに手元資金▲円を■円に増やしたい。そのためには年率●%で運用すれば良いから、こういう商品を組み合わせよう」と、資産ポートフォリオ（組み合わせ）を逆算できます。

大抵の場合はこのように試算をしていくと、実はそれほど価格変動リスクを取る必要がないことがわかるため、例えばロボティクスファンドのような高リスク商品に手を出さずに済みます。

目標がない場合には、「ロボティクスが良いと聞いたから」「インドが成長すると聞いたから」といった理由で投資対象を決めてしまいます。目標がないまま行動をすると、本来投資する必要がなかった高リスク商品にそうとは知らずに手を出してしまう事例が発生するのです。

商品選択で失敗しやすい「二つのパターン」

②や③が、商品選択で失敗する原因に該当します。個別商品のリスクを理解せずに購入する人が非常に目立ちます。

ロボット関連ファンドというと、右肩上がりの明るいイメージを持つ人も多いでしょう。実際そうかもしれませんが、景気連動性が極めて高い個別銘柄が多く組み入れられています。ですから、ロボット関連ファンドは比較的値動きの大きい金融商品と言えます。

自分が購入を検討している金融商品の特性を十分に理解せずに購入すると、事前に想像していた以上の価格下落に遭遇することになります。当社で多くの人が設定している資産運用の目標値は年率二〜五％程度です。このような人にとって、ロボティクスファンドのような金融商品は、明らかに過大なリスクとなります。

繰り返しになりますが、目標のリターンに応じて選択すべき金融商品は大きく変わってくるのです。

③の「将来性のありそうな商品を選択している」というのは、「人気になっている投資対象を購入してしまう」ということです。これのどこが問題なのかと疑問に思うかもしれません。ただ、あなたが良いと思っている投資対象は、他の人たちも良いと思ってすでに目をつけているはずです。そのため、すでに値上がりした後という可能性が高いのです**（図43）**。

金融機関は「テーマ型ファンド」というものを推進してきました。テーマ型ファンドとは、特定のテーマ（例えばフィンテック、ＩＴ、ゲノム、環境、エコ、バイオ、再生可能エネルギー、ロボティクスなど）に関連する銘柄に投資するファンドや、特定の国など（インド株式ファンド、ブラジル株式ファンド）に投資するファンドのことです。

金融機関は、できるだけたくさんの投資信託を販売しようとします。そのほうが投資信託の

〈図43：「テーマ型ファンド」が損をする理由〉

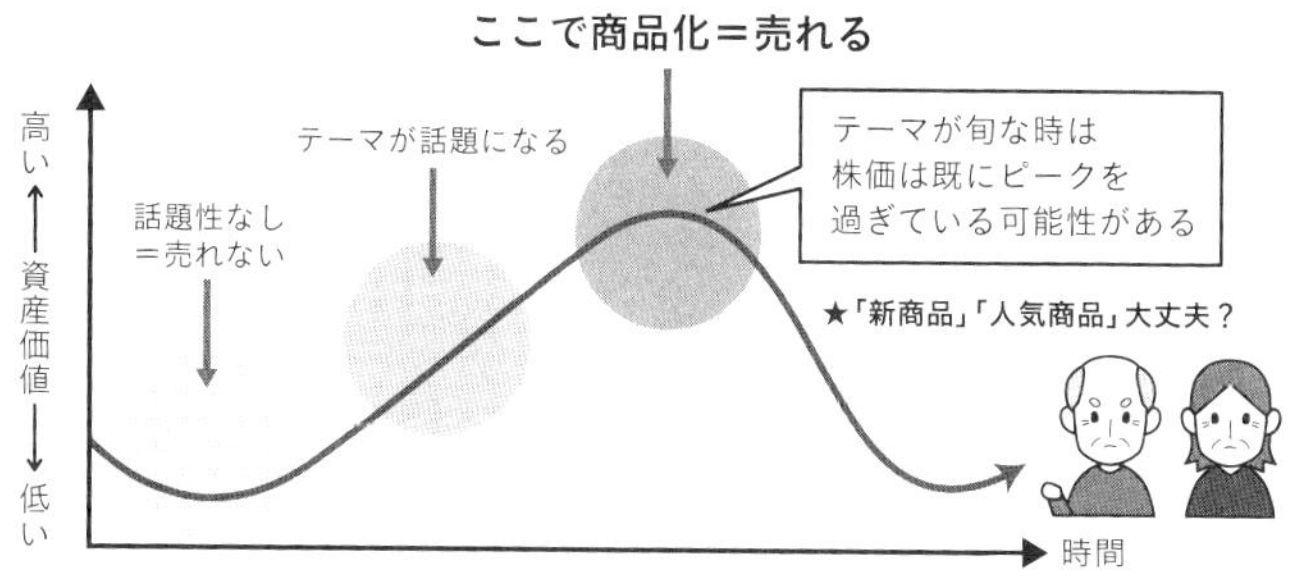

「テーマ型投資信託」は株式市場において、そのテーマが注目され株価がピークをつけようとしている時に商品化される場合が多い。
株価上昇局面で楽観ムードが広がり、テレビのニュースでも話題のテーマが投資信託名に反映されているので、投資家心理も「買いたく」なる。

購入時手数料や信託報酬を得られるからです。

できるだけ多額の販売をするためには、買い手（投資家）にとって関心が高く、明るいテーマを選択する必要があります。だからこそ、先ほどのようなテーマに関連するファンドが続々と設定されるのです。

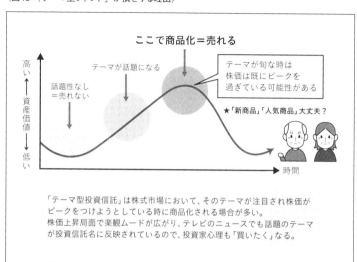

逆に言えば、二〇一九年現在、政局が不安定なトルコや、ブレグジット問題に揺れるイギリスなどへの投資は、商品化してもなかなか投資家から良い反応は得られないでしょう。本当の投資機会はこのような分野に存在する可能性が高いのですが、テーマ型投信がこの分野で設定されることはほとんどありません。

ですから私は、「新商品・人気商品と聞いたら危険だと思ってください、テーマ型の

新商品や人気商品は金融機関が『たくさん売れる』と思って作った商品ですよ」とお伝えしています。〝とりあえず〟という理由で購入する前に、きちんと目標を決めてから、本当にその商品に投資することがあなたにとって必要なことなのか、よく検討してほしいと思います。

投資信託Q&A　プランニング

Q　質問14

運用はリスクが高いので、預金を八割保有して、運用は二割くらいに留めたほうがいいのではないでしょうか？

A　答え

資産内容、収支バランス、リスク許容度等によって、投資割合は大きく変わってきます。あなたに合った運用を探してみましょう。

運用資産の割合を決めるための「三つのポイント」を知る

一般的に運用というと、預金よりもリスクが高いので、全体の金融資産に占める運用資産の割合は少額に留めておいたほうが安心だと思われがちです。「預金八割、運用二割」くらいが安心だと考える人も多いと思います。

私は個々人の置かれている状況によって、適切な運用割合を決めるべきだと考えています。「投資は危険だから少額に留めたほうが良い」と一律に決めつけてしまうのも良くありません。

それでは、どのようにして運用資産の割合を決めたら良いのでしょうか。三つの観点から運用資産割合の設定方法をご紹介します。

①保有資産額を見る

適切な運用資産の割合は、保有資産額によって変わります。

例えば、金融資産を一〇〇〇万円ほど保有している人がいたとして、資産の八〇%である八〇〇万円を運用に回したとしましょう。

この場合、何か急な出費があった際にすぐに動かせる資金が二〇〇万円しかなくなり、それ以上の出費があると運用資産を一部売却せざるを得なくなります。運用資産は値動きしているので、売却するタイミングによっては損失が生じてしまいます。このケースでは、運用割合が高すぎると言っていいかもしれません。

一方で、金融資産を一億円保有している人はどうでしょうか。金融資産の八〇%をリスクを抑えながらの運用に回したとしても、手元にはすぐ動かせる資産が二〇〇〇万円程度残ることになります。これならば大きな出費にも対応できるでしょう。

また、資産が一〇億円もある人はどうでしょうか。日本の相続税の最高税率は五五%と言われていますので、この場合、相続時にだいたい資産の半分程度の税金を払うことになります。将来、相続人が税金を払えるように現預金の比率を高めておいたほうが良いかもしれません。

このように、人や資産規模に応じて運用方法、やるべきことは大きく変わってくるため、一概に預金比率八割といった議論をしてもほとんど意味がありません。

②収支バランスを見る

収支バランスによっても、運用資産割合は変わってきます。先ほどの例の金融資産が一〇〇〇万円ある人に、もし収入が年間二〇〇〇万円あるとすれば、手元にキャッシュがなくても、年間に入ってくる収入で急な出費にも対応できそうです。

一方で、収入が二〇〇〇万円あったとしても、支出が一九〇〇万円あり、手元には一〇〇万円しか残らないということであれば、話は違ってきます。家を買う、子どもが大学へ行くなど、今後大きな出費があるかどうかといったことも重要な検討材料となります。

このように、現在の資産額のみでなく、**将来にかけての収入と支出の変化を加味して、長期**

で運用できる資金の割合を見出すことが大切です。

③運用対象のリスク量を見る

資産運用には一定の価格変動リスクが付き物であり、あなたがどこまで価格変動に耐えられるか（リスク許容度）、という視点も大切です。

これは人によって変わってきます。金融商品の多くは、年率リターン五％、年率リスク二〇％等とリスク／リターンで表現されることが多いですが、これはリターンがマイナス一五％〜プラス二五％の範囲で振れることを意味しています**（第３章Ｐ１４２を参照）**。場合によっては短期的な損失をマイナス二割程度出してしまう可能性が充分あるというわけです。

資産の全額をこのような対象に投資してしまうと、あなたは損失に耐えられず、運用を途中で止めてしまう可能性があります。せっかく、今後一〇年の計画を練ってポートフォリオを組み、運用を始めても、途中で止めてしまっては何の意味もなくなってしまいます。このような場合には、もう少しあなたに合った金融商品を選定する必要が出てきます。

例えば、年率リターン二％、年率リスク五％の金融商品を選択すれば、そのリターンの振れ幅はマイナス三％〜プラス七％程度と、マイルドになります。あなたにとって、この程度の短期的な損失なら耐えられるかもしれません。

この場合には、こちらの金融商品を選択すべきです。そのほうが結果として運用を継続できる確率が上がるため、運用にとっての最大の味方、「時間」を味方に付けることができるからです。

一方、長期の運用計画を練る場合、例えば「二〇年後に三〇〇〇万円を確保したい」という目標があったとします。年率リターン五％の金融商品なら一一五〇万円を投資すれば目標を達成しますが、年率リターン二％の金融商品なら二〇〇〇万円を投資する必要があります。

このように、**個人のリスク許容度によって選択すべき金融商品も変わってきますし、運用すべき金額も変わってくる**のです。

日本では、運用は怖いものと考える人がまだまだ多い印象がありますが、それは自らのリスク許容度を事前によく考えず、長期目標も設定せずに運用を始めるから起きるのではないでしょうか。自分に合った資産運用を始めることができれば、時間を味方にした長期の資産運用が可能になります。

「預金八割、運用二割」といった固定観念に囚われず、あなた自身の資産内容、収支バランス、許容できるリスク量から適切な運用資産割合を設定し、一日も早く資産運用を始める必要があります。

Q

質問15

八〇歳です。これから運用をする必要はありますか？

A

答え

人生一〇〇年時代、八〇歳でも健康なら家族と相談しながら運用することも選択肢の一つです。

資産運用は八〇歳でも必要か

高齢者とは何歳以上のことをいうのでしょうか。

銀行や証券会社といった金融機関では、七五歳という年齢が一つの区切りになっています。これは、**銀行や証券会社が加入する日本証券業協会が七五歳以上を高齢者の目安**として定めているからです。

七五歳以上の人から運用に関する相談を受ける場合、健康状態や運用目的等を金融機関の役職者が確認しなければなりません。値動きの大きい金融商品や複雑な仕組みの金融商品を販売する場合には、より入念な確認が求められます。金融機関側としても事務手続の負担が重くなるため、どうしても高齢者には一律保守的な運用商品を提案する傾向が強くなります。

私たちアドバイザーが高齢世代の人からお金の相談を受ける場合、次のような事例が多いです。


「個人年金の受け取りが七五歳までだから、今後公的年金だけだと取り崩しになる」

「孫が地方大学に行く予定。学費や下宿代を出してあげて、たまには遊びに行きたい」

「独り身だから、ゆくゆくはキレイな施設に入居したい」

「今のところは元気に過ごせている。たまに美味しいものでも食べに旅行へ行きたい」

「いろいろと面倒を見てくれている娘に少しでも多く遺してあげたい」

「預金では金利が○だから良い金融商品を探したい」


六○代の頃と目的は異なるかもしれませんが、運用のニーズが無い訳ではありません。

高齢世代の資産管理で期待される家族信託

では、高齢の方が運用の必要性を感じているにもかかわらず運用をためらう理由は何でしょうか。こちらについても、私たちが相談時によくいただくご意見を挙げてみます。

「運用は私がやってきたので、相続があったら引き継ぐ家族が困る」
「今後、認知症などになって自分で判断できなくなると困る」

八〇歳になると、相続や意思能力がなくなった後のことを懸念される人が多くなります。そんな中、今後普及が期待されているのが「家族信託」です。「**家族信託**」とは、資産管理の一手法です。**資産を持つ方が、目的に従って、保有する不動産や金融資産等を家族等に託し、その管理や運用を任せる仕組み**です。

後見人制度などでは、不動産や金融資産の管理・運用にかなり制限がありますが、家族信託は家族がルールの元に管理・運用をしやすくなっています。まだ事例が少ないですが、今後普及が期待されています。そうなると、近い将来、高齢世代の人にとって運用はライフスタイルの一部となっているかもしれません。

家族や身近な人と相談しながら、資産の管理・運用をどうしたら良いか検討することも考えてみましょう。

Q 質問16

現在三〇歳独身です。今はとりあえず「つみたてNISAを毎月一万円、TOPIXに連動する投資信託」に投資していますが、大丈夫でしょうか？

A 答え

若い頃から「ゴール」を意識して「適正金額」をコツコツ積立することが重要です。

意外と見落としている「積立金額の問題」

まず、三〇歳にして積立を開始していることは素晴らしいことです。資産運用にとって最大の味方は「時間」です。短期間の運用で資産を倍にすることは難しいことですが、時間さえあれば決して不可能なことではありません。

一年で資産を倍にしようとすると、無謀なリスクを取らざるを得なくなります。アップルのような革新的な企業にすべてを投資したとしても、資産が一年間で二倍になるかは「運次第」です。

それに対して、三〇～四〇年という時間軸で資産を大きく増やすことは決して難しいことではありません。ごくありきたりな運用方法を実践するだけで達成する人がほとんどでしょう。三〇歳から積立投資を開始していれば、三〇年、四〇年といった長い時間軸での投資が可能になり、大きな資産形成に成功する確率が格段に上がります。

長い運用期間中には大きな相場下落にきっと遭遇することになりますが、相場下落は積立投資にとっては「量」をしっかりと蓄える絶好のタイミングです。一時的な評価損を過度に気にすることなく、長い目線で運用を続けるようにしましょう。

積立投資を行う際、**多くの投資家は商品選択を気にする傾向がありますが、それに加えて大切なのは「積立金額が適正か」という点にあります。**

例えば、この質問の方はＴＯＰＩＸに連動するインデックスファンドで積立をしているわけですが、主たる心配事は「ＴＯＰＩＸ連動でいいのか？」という商品選択の心配になっています。

「ネットには米国株に連動する商品のほうが良いと書かれている」「新興国のファンドのほうが今後の成長性がありそう」「日本は今後人口が減少するから成長しない」といった、さまざまな不安や疑問が生じるものです。

しかし、本当に重要なのは商品選択ではなく積立金額であることは、次の例をご覧いただくとわかります。

・月一万円　リターン　年四％　期間三〇年　約六八五万円
・月三万円　リターン　年四％　期間三〇年　約二〇五五万円
・月五万円　リターン　年四％　期間三〇年　約三四二六万円

老後資金のため、毎月一万円積立を行っている場合、年率四％で運用できれば三〇年後に六八五万円になります。

ただ、その金額を受け取ったとき、一部の人は次のような気持ちになるかもしれません。「ありがたいけど、老後の資金としては心もとない」「もう少し金額を増やしておけばよかった……」。

これでは、積立を行ってきた本当の目的が達成できていないことになります。この観点では、毎月の積立金額を月一万円から三万円に増やすほうが、「目的達成」のためにははるかに重要な要素になってきます。

自分にとって適正な金額で積立を行う

ここで必要なことは、**ゴールを設定してそれに向かって資産運用をする「ゴールベースアプ**

ローチ」です。いつの段階でいくら必要かという希望と、現実的に（無理なく）いくら積み立てていけるかを適切にマッチさせていく必要があるからです。

多くの人の事例を見ていると、大抵は毎月の積立額が過小になる傾向があります。よくわからないから、とりあえず試しに一万円でやってみるというケースが目立ちます。

もちろん、まず第一歩を踏み出してみることは大切なことです。しかし、運用における最大の味方は「時間」です。「お試し期間」が長いほど、長期運用の複利効果を得られる期間が短期化してしまいます。ベストな選択はやはり、「適正な金額」の積立を「なるべく早く」始めることにあります。

ちなみに積立金額が毎月一万円、期待リターン一〇％、期間三〇年の場合には、約二〇六二万円になります。ただ、年率一〇％のリターンを期待するのはやや無理があるかもしれません。仮に一〇％で上昇し続ける商品を選択できた場合でも、三〇年間で二〇六二万円です。これはこれで満足すべき成果と言えますが、そうであれば積立金額や運用期間を見直したほうが運用成果は上がります。何よりも実現可能性が高くなるからです。

まとめますと、若い頃からコツコツ積立することはとても大切です。しかし、**ゴールを意識してコツコツ積立をすること**はさらに重要です。

これから積立を始める人は、いつ頃にいくらの資産形成をしたいのか、もう一度考えてみてください。すでに積立投資を始めている人も、自分の本当の積立適正額を考え直してみてください。資産運用の最大の味方である「時間」を無駄にしてはいけません。

投資信託Q&A プランニング

Q 質問17

収入が年金のみになり、資産の取り崩しが必要です。どのように取り崩しをしていけば良いか悩んでいます。

A 答え

資産運用を行いながら、取り崩しを行う方法も検討しましょう。

「資産が底をつく時」を先送りするための「二つの考え方」を学ぶ

非常によくいただく質問です。もちろん、人によって必要な生活費などの前提は異なりますが、公的年金だけでは老後の生活費をまかなうことができず、収支がマイナスになり、資産の取り崩しが必要という人は多いと思います。

収支がマイナスの人は取り崩しについて、どう考えれば良いのでしょうか。

取り崩しの考え方は大きく二つあります。一つは、インカム収入を得ながら資産運用を行うこと。もう一つは、資産運用を行いながら取り崩していくことです。

①債券の金利で資産の取り崩しそのものを防ぐ

債券投資することにより、定期的な収入の確保を行うことも選択肢です。

例えば、運用資金が三〇〇〇万円あるとします。利率三％の債券で全額運用した場合、年間のキャッシュフローが税引き前で九〇万円になります。リタイア後の生活収支が月々マイナス五万円という人にとっては、その分をこのキャッシュフローで埋めることが可能になり、資産の取り崩しを防ぐことができます。

もちろん、実際には債券のクレジットリスク（信用リスク）、為替リスク（外貨建て債券の場合）等、さまざまな点を考慮する必要があります。

②分散投資をしながら定期的に取り崩す

同じように運用資金三〇〇〇万円を活用して、長期分散運用を行いながら、毎年取り崩していった場合はどうなるでしょうか。取り崩し期間二〇年、取り崩し金額年間一五〇万円を前提

〈図44：資産運用した人としない人の取り崩しの差〉

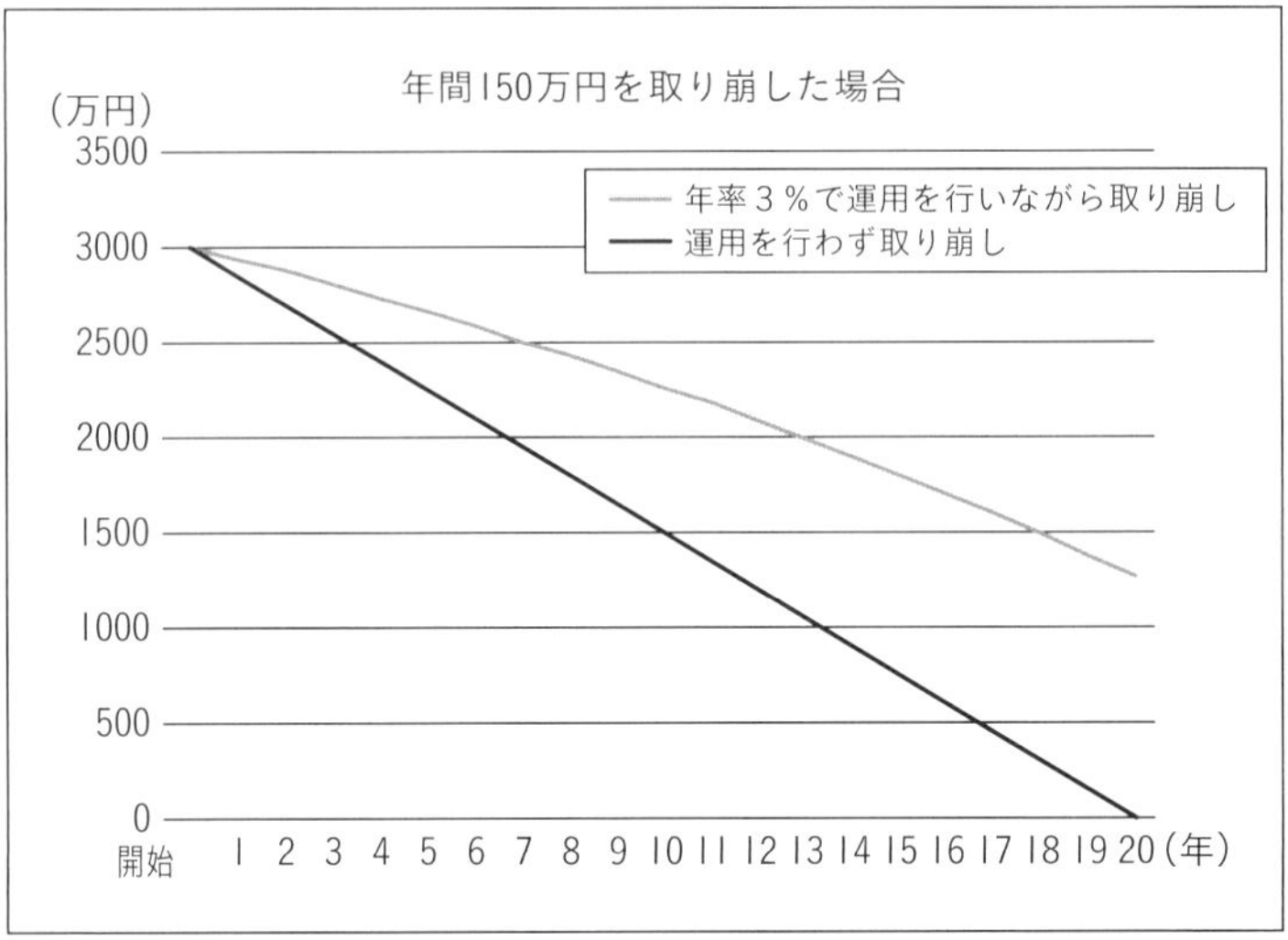

として考えます。

まず、運用せずに取り崩していった場合、当然ですが二〇年後の元本はゼロになります。

次に年率三％で複利運用しながら、二〇年間で取り崩したケースを試算してみます。この場合、二〇年後の元本は約一三〇〇万円が残ることになります**（図44）**。

このように、運用期間（取り崩し期間）が長い場合には、運用を行うか、行わないかで大きな違いを生み出すことになります。

リタイア後の生活には、さまざまな想定外支出が発生することがあります（医療、リフォーム等）。途中で運用をやめなければならない可能性も視野に入れ、目標、許容リスクを慎重に考えないといけません。

それでも、**運用をまったくしないという選**

択肢は大きな機会損失につながります。運用リスクは積極型から安定型まで幅広い選択肢があり、工夫・選択の余地はたくさんあります。その中からあなたに一番合う方法を模索していきましょう。

投資信託Q&A　プランニング

Q 質問18

資産運用の重要性はわかりますが、住宅資金や教育資金など、想定される支出も多い中、運用に回すのは必要な金額だけにしたいと思っています。運用に回す資金はどのくらいがいいでしょうか?

A 答え

運用可能な期間によって運用手法を変えることで、さまざまな支出に対応できます。

三〇代独身男性ならいくら資産運用に回すべきか

この質問は、現役世代の方から大変よくいただく質問です。

資産形成を始めるにあたり、結婚資金や教育資金、住宅購入資金などの大きな出費が想定される中で、「今の手元資金や収支の余剰部分をどのくらい運用に回していいか？」という問題は非常に難しい問題と言えます。想定される支出があるのであれば、基本的には運用は控えたほうが良いと考えるかもしれませんが、果たしてそうでしょうか？

資産形成期には、ライフステージの中で三つの大きな出費が伴います。

・結婚資金：三〇〇万～四〇〇万円（リクルート調べ）
・住宅購入資金：三〇〇〇万～四〇〇〇万円（住宅金融支援機構調べ）
・教育資金：一五〇〇万～三〇〇〇万円（文科省調べ）

当然ながら、人によって金額は大きく異なります。

ここで重要になってくるのが、どのタイミングでこの支出が発生するかをだいたいで構いませんのでイメージすることです。キャッシュフロー表などを作成することで、正確に把握できればさらに良いと思います。

当社でもこのような相談は非常に多いので、プロセスの一例を具体的にご紹介しましょう。

【Aさんの事例】

・三〇歳／男性／独身／会社員
・年収五〇〇万円（月々の貯蓄に回せる資金は約一〇万円）
・手元資金は約三〇〇万円
・相談の主な内容は「老後に向けた資産形成」について

プロセス① 想定される大きな支出とタイミングを把握し、キャッシュフロー表を作成

・結婚資金（三年後から五年後）
・住宅購入資金（五年後から一〇年後）
・教育資金（五年後から二五年後）

プロセス② 期間に応じて、「一括資金」「積立資金」それぞれの運用方法を検討する

①手元の「一括資金」の使い道を決める

Aさんの現在の手元資金は約三〇〇万円です。運用するかしないかを判断するにあたり、この三〇〇万円の使い道を決める必要があります。

次の選択肢からどちらかをまず選びます。

・結婚資金にするため、三〇〇万円の手元資金は全額預貯金として保有する

・三〇〇万円の手元資金は、三年前後をイメージとして、「振れ幅を抑えた運用」を行う

（振れ幅を抑えることで、資金化するタイミングで大きな実現損発生を防ぐ）

②毎月の収入から貯蓄に回せる資金の使い道を考える

Aさんの現在の月々の貯蓄に回せる資金は約一〇万円です。

このとき、一括資金の運用をどちらにしたかが重要になります。

ここでは一括資金については全額預貯金を選択したものとして、その先を考えていくことにしましょう。

まず、最大の目標である**老後生活資金の確保に振り向ける金額を決めます**。

老後生活資金の確保のためなら、運用期間を約三〇年近く取ることができます。つまり、長期運用が可能な資金ということになります。

その場合、値動きの振れ幅が比較的高い投資信託を活用することができるため、積立投資のメリットを最大限活用した方法を選べます。

結婚資金などについては現在の手元資金（約三〇〇万円）である程度対応することを前提に考えられるため、老後生活資金のために運用する金額を多めに考えてもいいのではないでしょうか。一〇万円の内、半分の五万円くらいは運用に回すという選択もあり得ると思います。

次に、**一〇年以内に必要になる資金の運用を決めます**。

このケースでは、結婚や出産などのライフステージの変化が想定されるため、そこに配慮する必要があります。したがって、一〇万円の残りの五万円を、そうした出費にそなえる予備資金としておくといいでしょう。

そのためには、残りの五万円の積立先としては、預金か極力振れ幅を抑えた運用商品を選ぶのが良いと思います。必要に迫られて、短期間で売却する可能性があるため、値動きがマイナスのときに売る可能性があるからです。

値動きの振れ幅が小さい商品を選ぶことで、いざ資金化するタイミングで大きな実現損をこうむるリスクを小さくすることができます。

本来の積立投資では、極力振れ幅を大きく取るほうが運用効率は上がるのですが、ここではあえてそうすることはせず、換金することを前提に、振れ幅を抑えた形にすることが重要です。

ここで知っておいてもらいたいポイントは、資産運用のやり方というのは人それぞれによって異なるということです。積立投資の有効性も長期継続することが前提ではありますが、状況によってはある程度の解約も想定しないといけない局面もあります。
まずは現状把握ですが、運用手法についてもご自身に合ったカスタマイズしたやり方を探すことが最も重要です。

投資信託Q&A プランニング

Q 質問19

住宅ローンは退職金で一括返済するほうがいいでしょうか？

A 答え

期前返済は、必ずしもメリットになるとは限りません。

住宅ローンの早期返済がもたらす「二重の損」

借金＝悪、というイメージが世間には根強く、多くの人は借金を極力早期に返済しようとする傾向があります。多額の借金を抱えたままでは心理的な負担も重く、一見自然なことにも見えます。

一方、このような考え方をする人は次の二点を見落としている可能性があります。一つは『期限の利益』の放棄」、もう一つは「機会損失」です。借金返済には金利負担軽減というわかりやすいメリットがある反面、二つのデメリットが発生する点には注意が必要です。これらのデメリットを踏まえたうえで、期前返済するかどうか検討してほしいと思います。

①「期限の利益」の放棄

住宅ローンには返済期限があり、期限二五年で借りた場合には二五年後に完済する義務があります。裏返せば、契約通り毎月返済を続けている限り（約定弁済）、期限前に返済を迫られるリスクはありません。この住宅ローンを期限まで借り続ける権利のことを「期限の利益」と呼びます。

住宅ローンの期前返済とは、この「期限の利益」を自ら放棄することであり、放棄して得られるメリット（金利負担の軽減）、デメリットの慎重な比較が必要です。多くの人は住宅ローンを期前返済する理由として、減税メリットの終了を挙げます。住宅ローンの減税効果が終われば、支払い金利が丸ごと負担になるため、確かに金利負担の削減効果は大きくなります。

それでは、期限の利益を放棄するデメリットとは何でしょうか？

最初に思いつくのは、不測の支出への対応です（自動車の買い替え、住宅リフォーム等）。人生何が起こるかわからず、不測の資金需要が発生することは多々あるでしょう。

住宅ローンは個人向け与信の中では最も金利が低い有利な資金調達手段であり、手元資金をあまり薄くしてしまうと、他のローン（自動車ローン、リフォームローン）で資金調達せざるを得なくなる可能性があります。

場合によっては、運用中の他の金融資産を中途換金する手段も考えられますが、最終的なファイナンシャルゴールを達成するために組まれたポートフォリオを、運用途上で換金するのは、極力避けたいところです。

このように、**住宅ローン返済をあまり優先しすぎると、さまざまな余分なコストが発生する**ことがあります。余程高い金利の住宅ローンでない限り、早期返済のメリットとデメリットを比較する価値はあります。

②機会損失

もう一つのデメリットとして、機会損失があります。

早期返済を行わなければ、返済にあてた資金を資産運用に回すことも可能です。**安易に早期**

返済をしてしまうと運用収益の獲得機会を放棄してしまうことにつながります。

もちろん、誰にでもおすすめできる方法ではなく、所得、年齢、貯蓄、キャリア、他の支出計画などさまざまな要素を考慮して慎重に考える必要があります。

特に住宅ローン返済額に対して所得に余裕があり、定年までの期間が十分長いようなケースでは、早期返済をするくらいなら、その資金を運用に回すことも、検討する価値があると思います。

期前返済で削減できる支払い金利と運用益の差分が大きくなればなるほど、この機会損失は大きくなります。仮に一〇〇〇万円を繰上げ返済せずに運用し、ローン金利より年率プラス二％の運用ができた場合、一〇年複利で投資元本は一二二一万円まで増え、同五％なら一六三三万円まで増える計算になります。

当然ですが、闇雲に過大なリスクを取った運用を行えば、投資元本を大きく棄損する可能性を高めてしまいます。したがって、運用可能期間や価格変動に対する自らの許容度を適切に考えながら資産運用を行う必要があります。

Q 質問20

株式投資を始めようと思いますが、何から勉強すれば良いでしょうか？

A 答え

まずは、株式の長期継続保有の重要性を理解するところから始めてみましょう。

「株式は長期保有」が正しい「三つの根拠」

株式投資を勉強しようと書店に本を探しに行くと、「正しい利益確定のやり方」「相場の読み方」「株式投資に役立つ経済ニュースの読み方」などの本があふれています。

日々の株価は大きく変動しており、うまくその変動を捉えることができれば、大きく儲かりそうに見えるかもしれません。また、株価は政府高官の発言、経済ニュースなどに大きく反応するため、その背景や理屈を理解することが重要に感じるでしょう。だからこそ、多くの個人投資家は本を手に取り一生懸命勉強しようとします。

また、個人投資家の中には特定株式の取引（頻繁な売買）で実際に大儲けするケースもあり、「カリスマ投資家」としてメディアを賑わすこともあります。彼らの「成功体験」が、株式投資のバイブル的扱いを受けることもあると思います。カリスマ投資家の裏で大勢の大失敗した投資家がいるはずですが、彼らの「失敗体験」が書店に並ぶケースは稀です。

このような事例を数多く見ると、多くの個人投資家にとって株式投資とは、「上手な売り買いを行うこと」に見えるでしょう。日々の価格変動も大きいため、場合によっては「博打と同じ」と感じる方もいるはずです。

ただ、これらはいずれも誤解です。長期の資産形成のためには、株式への長期分散投資が有効であり、一括で投資する場合でも、積立投資を行う場合でも持ち切りで十分です。特別な知識は一切必要ありません。これには三つの背景があります。

①株式の短期売買はギャンブル性が高い

日々の株価変動で「さや抜き」を狙う個人投資家が多いのは事実ですが、長期で継続して稼ぐのは非常に難しく、ほとんどのケースは失敗に終わると思います。なぜなら、**株式リターンを日次で計測した場合、上昇する日、下落する日の割合は概ね半々程度**だからです。株式市場における日計り売買はほとんど丁半博打と言えます。

②株式のリターンが魅力的に見えてくるのは年単位から

世界の株式時価総額の約半分を占める米国株式市場の過去を振り返ります。一九六〇年〜二〇一七年の五七年間の年次リターンを観察すると、年間ベースでプラスになった年は四二回、上昇割合は七四%です。五七年前に一〇〇ドルを投資していれば、二〇一七年末には四六〇〇ドルを超えており、元本は四六倍以上に増えています。

年率リターンに換算するとプラス六・八%で、株式市場は投資家に良好なリターンを提供してきました。もちろん、投資家はタダでこのリターンを手に入れたわけではない点には注意が必要です。

全期間平均の年率リターンはプラス六・八%ですが、単年で一番上昇した年はプラス三四%、一番下落した年はマイナス三九%と幅広く散らばっており、過去においてプラス六・八%を単年で実現したことは一度もありません。年間リターンが最も平均値に近かったのは、一九六八年のプラス七・七%、一九九三年のプラス七・一%の二回で、他はもっとかけはなれています。

投資家は五七年間、非常に大きな価格変動に耐える必要があり、二桁以上のマイナスも一〇回記録しています。しかも、その内の二回はマイナス三割前後という大きな下落でした。

年率プラス六・八%のリターンは、この振れ幅に耐えた代償とも言えるでしょう。金融市場にタダで手に入るリターンはないのです。

③株式リターンの源泉

先ほど、過去五七年間の株式リターンは年率六・八％という話をしましたが、なぜ株式市場は投資家にこのようなリターンを提供することができたのでしょうか？

実はこの間、企業の稼ぐ利益も年率六・六％伸びていたのです。五七年間の期間では、投資家は非常に楽観的になったり（ＩＴバブルなど）、非常に悲観的になったりする瞬間もあり（リーマンショックなど）、株価と企業収益は一見無関係に見えるかもしれません。

ただし、行きすぎた悲観や楽観は修正されることが多く、長期では概ね相殺されます。結果として投資家の手元に残ったのは、企業の利益成長でした。

「なぜ企業の利益は長期で成長するのか？」というのはよく聞かれるポイントですが、その理由は、「人間の欲」と「企業間の競争」だと思います。少しでも良い生活をしたい、少しでも楽しみたいといった「人間の欲」は経済成長を促すドライバーです。世界経済はそうやって日々成長しています。東南アジア諸国など、現在勢いのある新興国を旅してみればすぐ感じることができるでしょう。

また、経済成長は企業の売上を伸ばす一方、企業活動も経済を成長させます。企業は一旦競争力を失うと、人材や資金の獲得ができなくなり、必ず行き詰まります。それを避けるためには、企業はコストを下げ、品質を改善し、工夫の効いた商品を市場に提供し続ける必要があるのです。

結果として企業活動は付加価値を生み、消費者を豊かにし、経済成長を促す糧になります。現在の私たちの生活では、コンビニ、スマホ等は不可欠なサービスですが、すべて民間企業が激しい競争の中から生み出したものなのです。

このように、株式投資に係る三つの背景をきちんと理解してから、長期継続投資を進めていきましょう。何事も知識はあるに越したことはないのですが、自分で一から勉強してすべてを学ぶのは膨大な時間を要します。まずは株式投資の勘所だけを押さえて、あなたも明日から株式の長期投資家の一員になりましょう。

特に③の効果は、長期では大きな複利効果を生み出すため、株式投資にとっては「学ぶための準備期間」も大きな機会損失を生み出してしまうからです。

投資信託Q&A 運用（実行）

Q 質問21 自分の性格は資産運用に向いていないと思うのですが……。

A 答え 資産運用に向き・不向きはありません。誰でもできます！

「細かいことは気にしない」人ほど資産運用に向いている

資産運用に向いているのはどのような性格の人でしょうか。よくイメージされるのは、「判断の速さ」「負けを引きずらない前向きさ」「人と逆のことができる勇気」などではないかと思います。

これらは、市場予測をしながら投機・投資をする際には必要なことですが、これまでにもお伝えした通り資産運用はまったく別物なので、特別な性格（能力）は必要ないと考えてください。

資産運用はポートフォリオを組み、自分のゴールに向けて長期運用を続けます。定期的にリバランスを行いますが、機敏な状況判断が必要になるような運用手法ではないのです。機敏に判断するよりは、むしろ**「気にしないくらいの気持ち」で臨むほうがうまくいきます**。「気にしなくてもいい」という意味では、誰にでも資産運用はできるということです。実際に、資産運用先進国のアメリカ、イギリスでは、国民の資産形成・資産運用の規模がこの三〇年で順調に増えています。

日本人も一日でも早く資産形成に向けた運用を始める必要があります。

「アドバイザー任せ」のほうが成果が出る理由

「気にしなくてもいい」と書きましたが、「ついつい資産運用のことが気になってしまう」というのが、最も難しいところです。資産運用は長期で行うものとわかっていながらも、人間は目先のことが気になってしまうものです。

例えば、来月開催予定の大国同士の首脳会談の行方を気にしたり、三カ月に一度の企業の決算発表に一喜一憂したりすることです。ニュースで日経平均株価が一〇〇〇円下落していたら、自分の現在の資産がどうなっているのか気になってチェックする人は当然多いでしょう。評価損が出ていたら極度に落ち込んでしまったり、「利益が出ている今のうちに売却したほうが良いのでは？」と悩む投資家も大勢いると思います。

実際、長期運用をカラダ（脳）が覚えるには一〇年かかります。不安になった場合は、今一度「目線を元に戻す」ことが必要です。つまり、**短期になりがちな目線を長期（もともとのご自身の資産運用の目標は何か？）の目線に戻す**ということです。

例えば、長期目標が「二〇年後、自分がリタイアした後の老後資金」であるなら、今月資産評価額が五％下がるということは、大勢に影響はないと言えるでしょう。

相場が下落すると不安になり、目線が短期になるわけですが、相場が上昇したときも同じです。大きく上昇している相場でも、「今のうちに一度利益確定をしたほうが良いのではないか？」「安くなってからもう一度買い直せばいいのでは？」などと考えて、売却したくなる人が数多くいるのです。

相場が上がろうと下がろうと、気にしてしまう人はいます。しかし、大切なことは長期で保有し続ける（一喜一憂しない）ことです。

どうしても気になる人は、資産の置き場を変えることで、強制的に気にしにくくすることも可能です。例えば、ｉＤｅＣｏ（個人型確定拠出年金）は六〇歳まで引き出すことができないため、「どうせ出金できないし、気にせずそのままにしておこう」と考えやすくなります。

それでも多くの投資家は、長期運用が大切だとわかっていても動揺して、短期間での売買を繰り返してしまう傾向があります。自分で目線を長期に戻せない人は、他者（アドバイザー）に伴走してもらうことで、定期的に目線を長期に戻す手順を加えるほうが無難でしょう。

アドバイザーがついていることで、心配なことを相談ができ、目線が短期になる回数が減ることも期待できます。

Q 質問22

資産運用でリターンは得たいですが、リスクが心配です。どうしたらいいですか？

A 答え

一定の価格変動リスクと上手に付き合うことにより、リターンを得ていくのが資産運用。目線を長期にすることが大切です。

資産運用を成功させる「長期目線」のコツ

低リスク&高リターンの金融商品はこの世に存在しません。仮にそのようなものがあれば、世界中の投資家が先を争ってすべてを買い占めるでしょう。

魅力的な家賃収入が「確定」している投資用アパート、「低リスクで高金利」の仕組債、「値上がり確実」な株式――。このようなものは基本的には存在しない、そう思って行動したほうが無難です。

高リターンの裏側には必ず相応のリスクが隠れています。この感覚は大切であり、これさえ身につけることができれば、ほとんどの投資詐欺は世の中から消えるはずです。

では、「リスクがあるから」という理由ですべての資産運用をシャットアウトしてしまってもいいのでしょうか？

もちろん、それでも問題ない人はいます。極端な例ですが、すでに資産一〇〇億円を持っていて、年間五〇〇万円もあれば生活できる堅実な人がいた場合、別にわざわざリスクを取ってリターンを狙う必要はありません。ただ、このような人は稀です。大半の人にとって老後生活に関する何らかの不安、特に資金面の不安は存在するのではないでしょうか？


「年金だけで生活していけるだろうか？」

「自分が病気になったらどのくらいの出費があるのだろうか？」

「親の介護にはどのくらいの出費を考えればいいのだろうか？」

「将来自分が介護施設に入るにはいくら必要なのだろうか？」

「子どもや孫への支援はどの程度したらいいのだろうか？」

「住居がもう古いが建て替える資金はあるのだろうか？」

考え始めたらきりがありませんが、多くの人にとって資産運用は必要になるはずです。
それでは値下がりリスクが怖いという人は、どのように資産運用をすればいいのでしょうか？

私たちは、「価格変動と上手に付き合うのが資産運用。あなたが耐えられる適切な価格変動リスクの範囲内で、目線を長期に置きながらまずは始めてみませんか？」とアドバイスしています。私たちは、資産運用は一部の人が行う特別なことではなく、すべての人が行う当たり前のことと考えているからです。

世の中の資産に、価格変動しないものはほとんどありません。例えば、マイホームも不動産なので毎日時価が動いています。

ただ、今日買ったマイホームを明日売ろうとは思わないですね。普通は何十年も住むつもりで家を買うケースが多いでしょう。そのため、日々「今日、家を売却したらいくらだろう？」と気にすることもありませんし、気にする必要もありません。

同様に、貯蓄性の生命保険に加入している人が、毎日「今日の解約返戻金はいくらか？」と調べないでしょう。この両者には値段が見えにくいという共通点があります。

ところが、株式等は新聞・ニュース・ネットなどで目に触れることが多いため、価格変動が目に見えてわかります。だからつい気になってしまいます。

気になってしまうことは別に悪いことではありません。**悪いのは、気になりすぎてしまって、結果として運用が続かなくなること**です。ただ、これは少しの工夫で防ぐことができます。

若いうちから投資を始めれば価格変動に慣れてきますし、ｉＤｅＣｏなどを活用すればそもそも六〇歳まで解約ができません。また積立投資は究極の時間分散であり、投資リスクを軽減してくれます。運用を始めるにあたり、自らのリスク許容度をきちんと把握していれば、そもそも自分に耐えられない価格変動リスクの金融商品で運用することもなくなるはずです。

このような工夫を積み重ねていけば、やがて資産運用が生活の一部になってきます。もちろん、自分が行っている資産運用に関して、節目ごとに考えたり、整理したりすることは重要です。それを繰り返していると、やがて自分は「正しい理屈」で運用していると確信できるようになってきます。資産運用は精神修行の場ではありません。少しの工夫が重要なのです。

「預金はリスクなし」は本当か？

「資産が十分あるから」「リスクが怖いから」という理由で、特に深く考えずに預金している人はたくさんいます。

ただ、「預金」というのは一つの金融商品です。預金保険で元本を保証してもらえるのは一〇〇〇万円までであり、それを超えた金額はあなたが預けている銀行の信用リスクを取っていることになります。その銀行に万一のことがあれば、返ってこない可能性があるからです。詭弁に聞こえるかもしれませんが、あなたは自分で気づかないだけで、すでに「信用リスク」を取っている可能性があります。

また今の日本ではあまり表面化していませんが、預金にとってインフレは大敵です。一年間で物価が二倍になる世界を想像すればすぐわかります。預金の実質価値は一年後に半減するため、あなたは自らの資産を「インフレリスク」にすでに晒していることになります。

実は欧米の富裕層が利用するプライベートバンクでは、顧客の資産保全という単語がよく出てきます。これは定期預金にするという意味ではなく、インフレリスク等から資産を保全するという意味で使われています。つまり、どんなに資産に余裕がある人でも、最低限インフレには負けない運用をする必要があると考えられているのです。

また、国家はあなたに課税する権利を持っています。すでにその兆候はありますが、今後もどんどん税負担が増えていくことが発生した場合（消費税、相続税、所得税等）、あなたはどうしますか？　それでも定期預金にしておくのか、そこまで考えておく必要があります。

何もしないことと、何も考えないことは意味がまったく違います。お伝えしたいことは、**定期預金にしたからといって、決してすべてのリスクから解放されるわけではない**という点です。

このようなことを日頃から考える習慣を身に付けていると、「定期預金の一部を当該銀行の発行する債券に投資してみよう」「当該銀行のドル預金にしてみよう」といった別の発想が出てくることがあります。

金融商品とは、リスクの少ない定期預金とリスクの大きな株式の二者択一ではありません。豊富な商品選択余地があり、その間にこそあなたにぴったりな商品が存在している可能性があります。

自分ですべての金融商品を学び、判断していくのは現実的ではないかもしれません。そんなときは、信頼できるアドバイザーを探してみてください。資産を増やして困ることはないはずですが、減らしてしまったら困るはずです。もっと自分に合った資産管理の方法がないか、常に探求し続けることが大切だと思います。

資産家の方には、お金を目当てにいろいろな人が近寄ってきます。あらゆる業種のセールスマン、投資話、詐欺師等、挙げたらきりがありません。そういうときに役立つのが金融に関する基礎的な知識です。意外に思われるかもしれませんが、お金持ちほどあやしい投資話や詐欺に引っかかって損をするケースがあります。資産運用や金融の仕組みを正しく理解して、大切な資産を管理していきましょう。

投資信託Q&A　運用（実行）

Q 質問23

利益確定はできますが、損切りがなかなかできません。どうしたらいいでしょうか。

A 答え

損失回避バイアスを知り、損切りも利益確定もしない長期投資を実践しましょう。

知らないと損をする「損失回避バイアス」

損切りや利益確定のタイミングについては、投資をしたことがある人であれば誰もが悩んだ経験をお持ちでしょう。基本的に、人間は損切りがとても苦手だと考えられています。行動経済学ではこれを「損失回避バイアス」と呼んでいます。人間は利得の喜びと、損失の悲しみを比べると、後者のほうが大きく感じるという特徴を持っていると考えられています。よく使われる例をご紹介します。次の二通りの選択肢があるとします。

Ａ：コイントスをして表が出れば二〇〇万円もらえるが裏が出れば〇円

Ｂ：コイントスをせず確実に一〇〇万円もらえる

あなたならどちらを選択しますか？　多くの人がＢを選ぶのではないでしょうか。では次の二つの選択肢の場合には、あなたならどちらを選択しますか？

Ｃ：コイントスをして表が出ればマイナス二〇〇万円！　裏が出れば〇円

Ｄ：コイントスをせず確実にマイナス一〇〇万円！

この場合には、Ｃを選択する人が圧倒的に多くなります。Ｃを選択した人は「目の前の損失を回避するために博打に出た人」とも言えますが、人間というのはどうもそういうものらしいのです。それほど**人間は「損を出す」ことに対しては拒否反応を示す**のです。逆に平然とＤを選べる人はすごいですよね。

損切りというのは、理論的には早いほうがいいです。なぜなら、一〇〇円だった株価が一〇％下落して九〇円になったとします。元に戻るためには一一％の上昇が必要です。

しかし、一〇〇円だった株価が五〇％下落して五〇円になってしまうと、元に戻るためには一〇〇％の上昇が必要になります。一旦投資元本を失ってしまうと、元に戻すのは大変なのです。

よく損切りラインを一〇％と決めている投機家がいますが、これは一〇％の下落であれば、一〇％の上昇でだいたいプラスマイナス〇になるからです。それ以上は損切りが遅れるとどんどん不利になってしまうため、損切りラインを一〇％としているのです。

そのため、損失回避バイアスを認識したうえで「損切りは早めに、利食いは遅めに」することが重要という意見を聞きます。それはそれで一つの投資スタイルと言えるかもしれません。

しかし、資産運用における私の考え方は違います。

損切りも利益確定もしないほうが良い

世界の株式や債券に分散する資産運用は、長期保有によって世界経済や企業の成長を享受することです。ですから、基本は「buy & hold＝保有し続ける」、そもそも早めの損切りも遅めの利益確定も必要ないということです。あれこれ悩まず持ち続けることが重要なのです。

人間は下落相場では不安になります。しかし、上昇相場で悩まないかというと、そうではありません。多くの投資家は上昇相場でも悩むことになります。

「今は利益だけどもっと上がるだろうか?」「今は利益だけど、今がピークかもしれない」「現在保有している銘柄は上がっているが、競合会社の株価はもっと上がっている……」、今のままでいいのだろうか」と、いろいろな悩みが上昇相場のときにも襲ってくるのです。

下落相場で「底」がいつかは誰にもわからないのと同様に、上昇相場の「天井」がどこなのかも、誰にもわかりません。悩みが尽きることはないわけです。

損失回避バイアスを認識して、下落相場を我慢するだけでも非常に難しいのに、さらに上昇相場でも悩むなんて苦しいですね。

ですから私は、**「天井がいつかなんてわかりません。下がるときもありますが、健全なポートフォリオ(組み合わせ)であればまた上昇し始めますから、ずっと保有し続けてください」**とお伝えしています。

「それでは、いつ売却するの?」という質問をよく受けますが、必要なときに売却すれば良いです。資産運用は増やすこと自体が目的ではありません。増やした資金をどう使うかが重要なのです。マーケットタイミングにこだわる投資家の多くは、増やすことが目的になってしまっているのではないかと思います。

もちろん、相場が下落しているときに解約すると損失が出てしまいます。そうならないために、資金を使いたい時期がわかってきたら（例えば五年後くらいに家を建て替えたいなど）、それまでに売却する必要があります。しかし、使途がないのであれば、損切りも利益確定もせず、ずっと継続保有をしていたらいいのです。

相場を気にしない状態になり、下落相場でも上昇相場でも動じないようになることが長期運用には必要なのです。

投資信託Q&A　運用（実行）

Q 質問24

長期の積立投資が良いと言いますが、不安になって二年くらいで止めてしまいました。

A 答え

感情に流されず、知識を学び、必要に応じアドバイザーに相談しましょう。

「短期間の売却は損をしがち」という法則

積立投資は長期・継続で大きな成果をあげる運用手法です。にもかかわらず、多くの人が途中で積立を止めてしまいます。日本では、積立設定期間の平均はおよそ二年というデータがあります。

どうしてこんなに短期間で止めてしまうのでしょうか？

積立投資は毎月買い増していき、複利効果を得ることで大きな成果を出す運用手法ですので、長期が大前提となります。つまり、**二年で止めてしまっては成果をあげることができない**のです。しかし、現実には多くの人が二年程度で止めてしまっています。

では、どのようなタイミングで積立を止めてしまうのでしょうか？

積立を止めてしまうタイミングの代表格は、「相場下落時」です。相場下落を受けて評価損が膨らんでいき、その不安から積立を止めてしまう人が多いのです。

人間は「利得に対して損失を一・五倍〜二・五倍程度嫌う」という損失回避バイアスが極めて強い生き物です。積立投資においては、「量」を増やすチャンスの局面ですが、これ以上の損失を回避すべく積立を止めてしまうわけです。

「相場上昇時」にも積立を止めてしまう人が多く見られます。ここでも損失回避バイアスが作用します。「せっかく出ている利益を減らしたくない」「また安くなってから買ったほうが得だ」と思うのです。

一見合理的な行動のように感じますが、長期で行うという視点では非合理的な行動です。

そもそも相場が高いか低いかわからないからこそ、定期的に買い増しをしていくのが積立投資です。**感情を入れずに長期で積立を継続することが成功への一番の近道**です。ただ、人間は極端に損を嫌うため、どうしても非合理的な行動を取ってしまうものです。

非合理的な行動をしないための「二つの方法」

積立投資をはじめ、資産運用は非合理的行動とどう向き合うかが重要となってきます。翻って資産運用で成功するには、非合理的な行動を取らなければ良いということになります。そこで、**「非合理的な行動を取らない」方法**をいくつか紹介したいと思います。

当然ながら、相場は上昇・下落を繰り返します。「このやり方で良いのだろうか？」と自問する機会が訪れるはずです。特に運用期間が数十年であれば、何度も自問するタイミングが訪れるでしょう。

資産運用は感情的にならず、相場から離れないことが一番の正攻法です。とは言うものの不安になることは理解できます。不安になったとき、非合理的な行動を取らないように次の三つの方法をご紹介します。

①金融知識をつける

自分の中で確立した金融知識を体得すれば、感情的になることはなくなります。資産運用の目的や目標に対して非合理的な行動を取らないでしょうし、長期運用を実践できると思います。もはや信念・哲学を持てるレベルまで知識を高められれば、相場に迷うことはなくなるでしょう。しかし、そうしたレベルに至るのは簡単なことではありません。

②アドバイザーをつける

アメリカでは「三人の友人（医師・弁護士・ファイナンシャルアドバイザー）」が重要と言われます。アメリカ人は病気になれば医師、裁判になれば弁護士、お金の悩みはファイナンシャルアドバイザーに相談します。医師と弁護士という観点では、日米で大きな差異はないかもしれません。

ただし、お金のことをファイナンシャルアドバイザーに相談するという点で、アメリカ人と日本人は大きく異なっています。アメリカではすでにファイナンシャルアドバイザーは当たり前で身近な存在になっています。

アメリカでは、ファイナンシャルアドバイザーが、専門職として一定の地位を確立しています。しっかりとした知識を持ち、信頼関係を築けるファイナンシャルアドバイザーならば、あなたが迷ったときに解決策を提示してくれたり、あなたの非合理的な行動を抑制してくれたりするでしょう。

投資信託Q&A　運用（実行）

Q 質問25

資産に対する日本株式の組入れ割合はどの程度が良いですか？

A 答え

日本株式よりも世界株式を多く保有するようにしましょう。

「ホームバイアス」が「非合理的な運用」なのはなぜか

人間は身近に感じるものを無意識のうちに選択する傾向があります。これは「ホームバイアス」と言われ、世界中で確認されている傾向です。

投資の世界で言えば、日本人投資家は日本株式の保有割合が多くなる傾向が知られています。実際、アメリカ人なら米国株式、イギリス人なら英国株式の保有割合が同じように多くなっています。

この「ホームバイアス」は、極めて非合理的な行動と言えます。例えば、世界中の上場株式の時価総額は本書執筆時点（二〇一九年八月）でおよそ八〇〇〇兆円を超えていますが、そのうち日本株の占める割合は七％程度です（**図45**）。

株式時価総額とは、ある上場企業の株価に発行済株式数を掛けたものであり、いわゆる株主価値と呼ばれる指標です。日本の全株式市場に上場している企業の時価総額はおよそ六〇〇兆円、日本で時価総額が最も大きい企業はトヨタ自動車です（約二一兆九三〇〇億円）。理論上はこの金額を払えば、トヨタ自動車の全株式を取得できることになります。

〈図45：国別時価総額のチャート〉

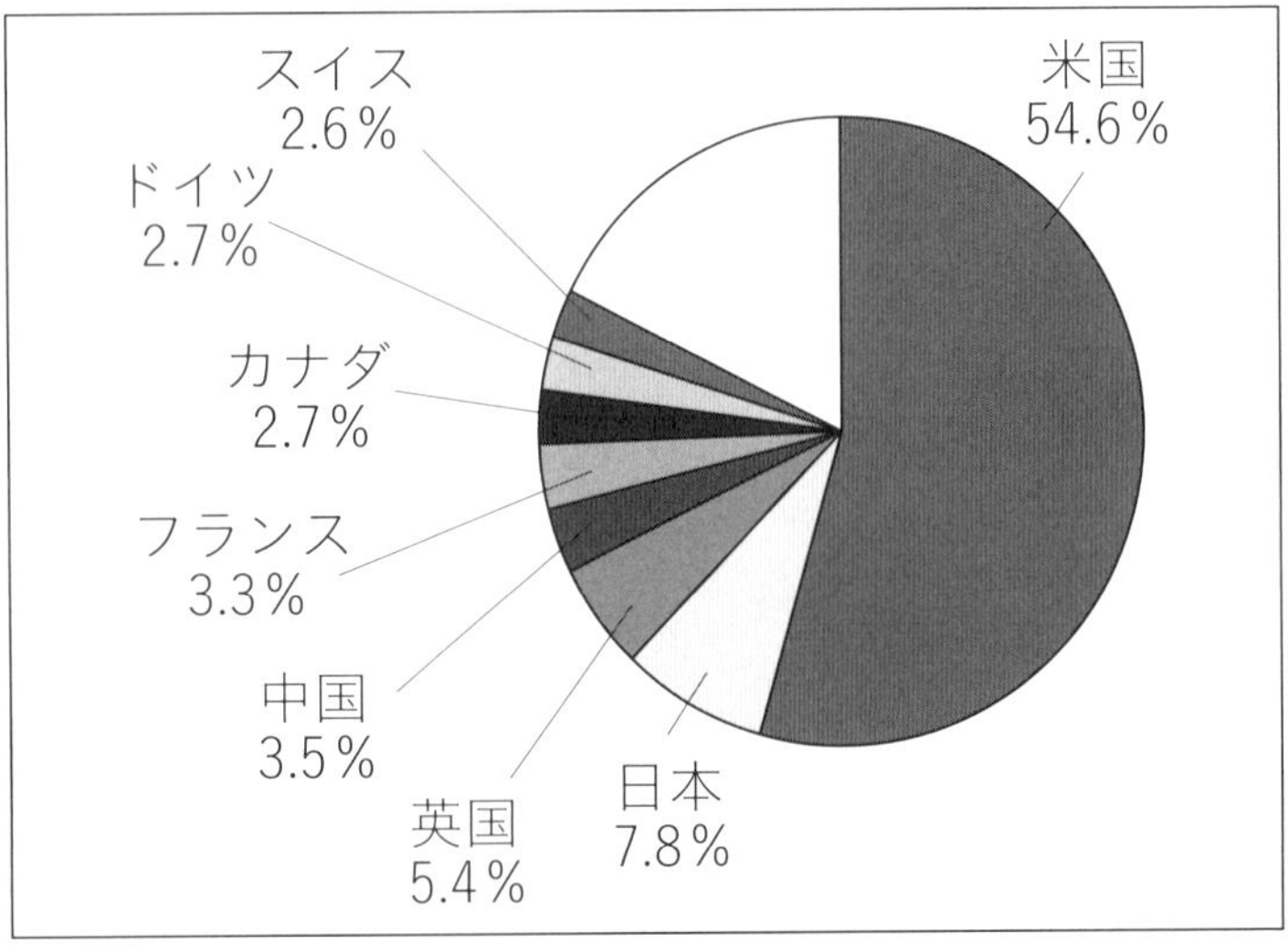

世界における日本株の占める割合が一〇%以下であるならば、日本株式の保有割合も同程度に抑えることが合理的と言えるのではないでしょうか？

バブル崩壊以降、日本株はざっくり半値程度になりました。しかし、同期間で米国株式は一〇倍近くになっています。今後も米国株式が上昇するかはわかりませんが、わざわざ特定の国にこだわる理由もないはずです。

あなたが誰かに、「どの国の株式を中心に運用をしていますか？」と質問したとき、「ニュージーランドです」という答えが返ってきたら、「えっ！　ニュージーランド？　なぜ？」と思いませんか？

ニュージーランド株式が世界の株式市場に占める割合は、約〇・一%程度です。しかし、ニュージーランド人の多くは、ホームバイアスで自国株式を多く保有しているのです。そう聞くと、**「ホームバイアスは必ずしも合理的とは言えない」**と、皆さんも感じられるのではないでしょうか。

ホームバイアスは国に限らず、さまざまな分野で起こることが確認されています。例えば、製造業の会社に勤めている人は同業種の企業の株式を保有するケースが多いようです。人間はあらゆるシーンで、自分にとってなじみのある選択肢を無意識のうちに選択してしまう傾向があるようです。しかし、それは必ずしも合理的な選択とは言えません。

卵を一つの籠に盛ると「全滅の危険性」あり

質問の日本株式の組入れ割合についてですが、基本的には各国の株式時価総額に応じた投資割合を目安にすれば良いでしょう。参照する指数により違いはありますが、だいたい米国株式が五〇％～六〇％を占めることになります。

また、自分で調整することは難しいと思いますので、投資信託を利用することをおすすめします。「全世界株式ファンド」など、世界中の株式市場に投資信託する投信は数多く存在しています。さまざまな国の成長機会を幅広く獲得するという意味においては、ホームバイアスは大きな弊害になります。それと同時に、リスク分散の観点からもホームバイアスは有害です。

極端な例ですが、日本国内に資産が偏在している状態で日本に重大なリスクが生じたらどうなるでしょうか。よくリスク分散を説明する際に、「卵は一つの籠に盛るな」という言葉が使われますが、**ホームバイアスは特定の資産に偏りができてしまうため、不測の事態が起こった際に大きな損害を被ってしまう可能性がある**のです。

ホームバイアスは、人間が無意識のうちに陥りがちな典型的・非合理的行動と言えます。このような非合理的な行動を回避するためには、運用のルールを定めて規律を持った運用を行っていく必要があるのです。

Q 質問26

積立投資は若い人が行うもので、中高年以上には関係がないのでは？

A 答え

若いかどうかは関係ありません。「何年継続できるか」が重要です。

中高年こそ知っておくべき「一〇年未満の資産運用」のコツ

若い人に限らず、積立投資は有効な資産形成手法であり、多くの国で一般的な方法として幅広く普及しています。

基本的には、ある程度振れ幅のある金融商品に対して、長期で積立を行っていくだけのシンプルな方法です。運用期間が長期になるほど、大失敗する可能性が低くなる傾向があるため、一〇年以上の投資期間を取れる場合なら、年齢に関係なく直ちに始めるべきです。

積立投資を行う場合の金融商品の選択に関しては、あまり神経を使う必要はありません。ある程度振れ幅があり、分散投資されているものなら大丈夫です。世界株のインデックスファンド等はこの条件を満たしています。

しかし、**iDeCoのように拠出期間（六〇歳まで）が決まっている積立投資の場合には、あと何年積立投資が可能なのかどうかによって、選定すべき金融商品が変わってくる**場合があります。

「あと三年しか拠出できない」という状況になりますと、実質的には一括投資と変わらなくなってきます。積立投資では、下落局面で量を確保するという効果がありますが、残りの拠出期間が少なくなると、すでに積み上がった投資元本部分の影響がどうしても大きくなります。

こうなると運用成果は株式市場頼みのような状態になってしまうため、相場次第ではこれまで積み上げてきた利益が一瞬で吹き飛んでしまう可能性も出てきます。

このような事態を避けるために、一〇年未満の期間で積立投資を行う場合には、銘柄選びに一層注意を払う必要があります。

振れ幅（リスク値）が小さい商品を選ぶべき理由

では、一〇年未満の積立投資ではどのような銘柄を選べばよいのでしょうか？

一番の候補は、株式・債券に幅広く分散投資を行うバランス型投信や、市場リスクをある程度排除できる株式のロング・ショート型の投信等が有力候補になります。いずれの商品も株式インデックスファンド等との比較では振れ幅が小さくなっています。商品選択のポイントは、金融商品の振れ幅を小さくすることにあります。

バランス型投信などは、一定比率で債券が組み入れられるため、株式インデックスファンドとの比較では振れ幅（リスク値）は控え目になります。株式ロング・ショートファンドは現物株式を保有する一方、同額の株式先物を売り建てしているため、理論的には株式市場そのものの影響を中立化することが可能です。

こうした商品なら、これまでの利益を丸々吹き飛ばすような事態をある程度抑制することが可能です。また振れ幅は控えめですが、まったくなくなるわけではないため、積立投資の目的である時間分散効果をある程度享受することも可能です。

このように、投資期間に応じて銘柄選定をしっかり行えば、**積立投資は若い人に限らず、誰にでも有効な投資手法**になり得ます。決して若い人だけが積立投資に適しているわけではないのです。商品種類が多すぎてその選択に苦労する場合には、適宜信頼できるアドバイザーに相談しましょう。きっと良い解を出してくれるはずです。

投資信託Q&A　運用（実行）

Q 質問27

将来、判断能力が落ちたときが心配です。年をとってからの運用はどうすればいいですか？

A 答え

判断能力が低下する場合には、信託を活用して運用するという選択もあります。

高齢期に運用を継続するための三つの仕組み

厚生労働省の資料によると、二〇一二年の六五歳以上の認知症の人は約四六二万人、六五歳以上の約七人に一人とされ、また軽度の認知症の人の数は四〇〇万人と推計されています。これらを合わせると、六五歳以上の四人に一人が認知・判断能力に何らかの問題を抱えているということになります。

加齢とともに判断能力が低下していくことは、個人差はあれ誰しも避けることができないのが現実です。では、判断能力が低下することによって、運用についてどのような問題が出てくるでしょうか。

一番の問題は、自身のための運用について、正しい判断ができなくなる可能性が出てくる点です。過度にリスクの高い商品を購入してしまったり、実際に売買したことを忘れてしまったりするかもしれません。

有価証券の取引については自己判断が前提です。金融機関に、「判断能力の低下により、この人は自己判断ができない」と見なされてしまうと、基本的には有価証券の売買ができなくなります。

人生一〇〇年時代、本来金融資産を活用して運用を継続していかなければならない人も含めて、判断能力が低下していく過程では、すべての運用を止めなければならないのでしょうか？

実は、いくつか運用を継続させることができる方法があります。

①金融機関での代理人制度

各金融機関が設定している代理人の制度があります。

金融機関によって対応や制度が異なりますが、本人が指定をした代理人（基本的には家族）に、運用について任せることができる制度です。

ただし、基本的には毎年、代理人制度を継続するかどうかの確認があるため、確認ができない状態（代理人を選任する判断ができない）にある場合には、継続ができなくなるので注意が必要です。

②成年後見制度

判断能力が不十分なため、契約等の法律行為を行えない人を後見人等が代理し、必要な契約等を締結したり、財産を管理したりして、本人の資産の保護を図る制度です。

成年後見制度には、すでに判断能力が不十分なときに、申し出により「家庭裁判所によって選任された後見人が、本人に代わって財産の管理や法的な支援をする「法定後見制度」と、将来、判断能力が不十分となったときに備え、任意後見人を選び、公正証書で後見人を契約しておく「任意後見制度」があります。

判断能力が低下していくことを見据えて、任意後見制度を利用するなど自身の資産の管理について備えることが可能です。

ただし、この制度を活用すると、財産の運用などには厳しい制約がつき、家庭裁判所の監督下に置かれます。そのため、基本的に資産運用などの積極的な財産の活用ができなくなる点には注意が必要です。

③家族信託

本人の判断能力があるうちに、財産の管理を特定の第三者に委託する方法として「家族信託」という選択肢があります。

本人の判断能力が低下したとしても財産の管理をしてもらえるという点においては、成年後見制度と同じような機能があると言えます。家族信託の場合は、信託契約の内容に基づいた管理をすることができるため、第三者に財産の管理を委託することができます。

家族信託にはいくつか相続におけるメリットなどもありますが、今回は運用におけるメリットについてお伝えしましょう。

家族信託が代理人制度や成年後見制度と比べて資産運用において優れている点は、運用の継続性を保つことができる点です。先述の通り、代理人制度においては本人の判断能力の有無、成年後見制度においては家庭裁判所の制限など、資産運用を継続するにあたって大きな制限があります。家族信託は、契約に基づき委託された人の判断で資産運用の継続が可能です。

ただし、家族信託での証券口座の開設については、まだ一部の金融機関でしか受入ができない点や、信託での損益に帰属するため特定口座での活用ができず、信託における損益の計算が必要となります。

また、家族信託契約をするにあたっての費用も数十万円から数百万円かかることもあるため、そのコストを含めて検討する必要があります。

このように、高齢化社会が進む中でいろいろな制度や信託の活用などが進んできています。今後、認知・判断能力が低下していく段階に差し掛かったときには、自身の判断能力があるうちに対策を講じる必要があると思います。

おわりに

わかりにくい箇所も多々あったと思いますが、最後まで本書を読んでいただきありがとうございました。

私は今、この「おわりに」を二〇一九年八月一二日に書いています。最高気温は三四度で、夏らしい日です。甲子園球場では高校球児が熱戦を繰り広げ、人々に感動を与えています。その一方で、世界では米中の貿易問題が市場を揺らしています。

マーケットの世界では、常に予想できないようなことが起こります。そして、常に良いニュースだけでなく、悪いニュースがあります。マーケットを予想しようとすると不安に事欠きません。

そんな中で、実態経済ではAIが急速に進化を遂げ、今まで人類が経験したことのない世界に突入していくと言われています。金融の世界でも、テクノロジーの進化は止まりません。

時代は変化しますが、人間の根っこにあるものは同じだと私は考えています。それは、「人は今日より良い未来を目指して活動している」ということです。思い描いたことがすぐに実現はしませんが、人々が活動する、頑張る、力を合わせることでさまざまなことが実現していきます。

長期の資産運用とは、その人々の頑張りや、より良い未来に資金を投じる行為です。**一〇年後、二〇年後のマーケットは予想できませんが、本書で説明した長期の資産運用は、実行した人の大きな力になります**。

だからこそ、本書を読んだだけで終わるのではなく、ぜひ実行してほしいと思います。「一人では不安だ」「相談したい」と思われたら私たちに声をかけてください。

私たちファイナンシャルスタンダードも、お客様の長期資産形成、資産運用を支えるため、進化していきます。ＡＩなどテクノロジーの進化と、人ができることを融合させて、ファイナンシャルアドバイザーとしての付加価値を高めていきます。

本書は、私とポートフォリオマネージャーの鈴木頼長が中心となって執筆しました。また、ファイナンシャルスタンダードで一緒に汗を流している蒲谷晃広、大丸勲、加藤竜詞、中島弘敦、神田尚季にも一部加わってもらいました。まさにファイナンシャルスタンダードの経験そのものです。

最後になりましたが、本書は、お客様や資産運用業界の方など、私たちが今まで出会って、学ばせていただいた皆様の経験から生まれました。この場を借りて御礼申し上げます。

二〇一九年八月

福田　猛

重要事項（ディスクレーマー）

本書は情報の提供及び学習を主な内容としたものです。著者独自の調査に基づいて執筆されたもので、実際の運用の成功を保証するものではありません。本書を用いた運用は必ずご自身の責任と判断によって行ってくださるようお願いします。本書の内容に関して運用した結果については、著者及び株式会社毎日新聞出版はいかなる責任も負いかねます。なお、本書に記載されているデータや法令等は、すべて執筆当時のものであり、今後、変更される場合があります。

〈著者紹介〉

福田猛（ふくだ・たけし）

ファイナンシャルスタンダード株式会社　代表取締役
大手証券会社を経て、金融機関から独立した立場で資産運用のアドバイスを行うIFA法人ファイナンシャルスタンダード株式会社を2012年に設立。資産形成・資産運用アドバイザーとして活躍中。2015年、楽天証券IFAサミットにて独立系アドバイザーとして総合1位を受賞。東京・横浜を中心とする全国各地で、セミナー講師をつとめる。中でも「投資信託選びの新常識セミナー」は開催数250回超、延べ8,000人以上が参加する人気セミナー。朝日新聞、日本経済新聞など大手全国紙のほか、経済誌、テレビなど各種メディアに頻繁に登場し、注目を集める。
著書に『投資信託 失敗の教訓』（プレジデント社）、『金融機関が教えてくれない 本当に買うべき投資信託』（幻冬舎）がある。

〈執筆協力〉

鈴木頼長（すずき・よりなが）

ファイナンシャルスタンダード株式会社 ポートフォリオマネージャー

プランニングから運用戦略《うんようせんりゃく》・実行《じっこう》までプロがこっそり教《おし》える

資《し》産《さん》運《うん》用《よう》のはじめかた

印　刷　2019年10月15日
発　行　2019年10月30日

著　者　福田《ふくだ》 猛《たけし》

発行人　黒川昭良
発行所　毎日新聞出版
〒102-0074　東京都千代田区九段南1-6-17　千代田会館5階
営業本部：03（6265）6941
図書第二編集部：03（6265）6746

印刷・製本　図書印刷

ISBN978-4-620-32606-1